Claves para entender la Biblia

José Antonio Camarero López

Claves para entender la Biblia

Paulinas

Imagen de cubierta: Aaron Burden
Diseño de cubierta y maquetación: Alba Cosío Velasco.

© PAULINAS 2025
Carril del Conde, 62 - 28043 Madrid
Tel.: 91 721 89 84 - Fax: 91 759 02 04
E-mail: editorial@paulinas.es
www.paulinas.es

© José Antonio Camarero López

ISBN: 978-84-19408-59-4
Depósito Legal: M-19221-2025

Impreso por Gar.Vi. 28970 Humanes (Madrid)
Printed in Spain. Impreso en España

PRÓLOGO

La Biblia es un libro vasto, profundo y, para muchos, una fuente de esperanza y orientación. En sus páginas resuenan las voces de profetas, sabios, reyes, poetas y testigos de la fe, cuyas historias han marcado la historia de la humanidad. Pero más allá de ser un texto sagrado para millones de personas, la Biblia es también un reflejo de la lucha humana por comprenderse a sí misma, por encontrar respuestas a los misterios del dolor, la justicia, el amor y la liberación.

En un mundo que sigue dividido por desigualdades, injusticias y luchas de poder, la Biblia ofrece una visión radical de libertad. No es solo un conjunto de normas o historias antiguas; es una llamada constante a la justicia y la dignidad humana. En sus textos podemos encontrar ecos de los oprimidos y los excluidos, y la promesa de un Dios que camina al lado de aquellos que luchan por un mundo más justo.

Este libro que tienes en tus manos no es solo un comentario sobre la Biblia, sino un intento de comprenderla desde una perspectiva que va más allá de lo académico y se adentra en la vida real de las personas. Es un acercamiento que quiere escuchar a los pobres, a los marginados, a los que no tienen voz, porque, en el fondo, la Biblia es un testimonio de sus vidas y de sus luchas.

A lo largo de sus páginas, encontrarás relatos que desafían el poder establecido, que critican las estructuras opresivas y que muestran cómo la fe puede ser una fuerza transformadora. La Biblia no es solo para ser leída en la comodidad del templo, sino también en los campos de batalla de la vida cotidiana, donde se libran las luchas por la justicia y la paz. Este texto no pretende ser un manual dogmático ni una respuesta definitiva. Más bien, busca abrir un espacio para la reflexión, el cuestionamiento y, sobre todo, la acción. La Biblia, no es solo para ser interpretada, sino también para ser vivida. Y es en ese vivir donde se encuentra la verdadera revelación.

Que este libro sea, entonces, una invitación a caminar con los que luchan, a soñar con los que esperan, a escuchar a los que sufren y a construir, con valentía, un mundo donde el amor, la justicia y la libertad sean más que palabras: sean realidad para todos.

***

En esta obra no se incluyen todos los libros de la Biblia, sino los que el autor ha considerado necesarios para explicar algunos puntos importantes en la historia de la Salvación.

INTRODUCCIÓN

La palabra Biblia viene del griego: es un nombre en plural, significa los libros. Pasando por el latín, se ha convertido en nombre femenino singular: La Biblia.

Pero más que un libro, la Biblia es una biblioteca. En efecto, nos encontramos en ella con cierto número de obras muy diferentes entre sí, agrupadas en dos grandes conjuntos: el Antiguo Testamento y el Nuevo Testamento. La palabra testamento no tenía el sentido que ahora tiene, la palabra latina «testamentum» traduce la palabra hebrea que designa la Alianza.

La Biblia nos acerca la Palabra de Dios y la revelación de su proyecto para toda la humanidad. A través del pueblo de Israel, en el Antiguo Testamento y de Jesús y la Iglesia en el Nuevo Testamento, la Biblia nos presenta el camino que Dios nos propone para conocer la verdad, ser felices y tener una vida plena.

Durante muchos años se leyó la Biblia como un libro de historia o ciencia, sin interpretar su mensaje. De esta manera se perdió de vista el sentido de la lectura bíblica, que es conducirnos a la verdad de la salvación, y se utilizó la Palabra de Dios para justificar pensamientos, creencias o ideas que, muchas veces, no tenían nada en común con los valores y propuestas del evangelio.

Leer la Biblia como se lee un libro de Historia conduce a errores y confusiones, que pueden distraer el verdadero sentido del mensaje del texto bíblico.

El Concilio Vaticano II nos enseñó que para descubrir y profundizar el sentido de un texto de la Biblia hay que conocer el género literario en el cual fue escrito, prestar atención al contexto histórico que nos aporta valiosos datos del tiempo en que se compuso el texto, y dejarse acompañar por la guía de la enseñanza de la Iglesia, la Tradición de los apóstoles y el Magisterio.

CUESTIONES PRELIMINARES

Organización de la Biblia

La Biblia es una palabra que deriva del griego y se traduce como biblioteca o conjunto de libros. Para los católicos y ortodoxos consta de 73 libros divididos en dos grandes partes o bloques: Antiguo y Nuevo Testamento. El Antiguo Testamento presenta la Alianza de Dios con el pueblo de Israel, y el Nuevo Testamento habla de la vida y de la misión de Jesús, y del comienzo de las primeras comunidades cristianas.

El Antiguo Testamento está formado por 46 libros divididos en tres grandes grupos:

1. *Libros históricos*. Lo forman 17 libros que narran historias diversas. Presentan las leyes y tradiciones del pueblo judío transmitidas de generación en generación.

2. *Libros proféticos*. Lo forman 16 libros y narran las palabras de los profetas de denuncia, de castigo, de esperanza de los profetas…

3. *Libros sapienciales*. Son 13 y recogen diversas expresiones de la sabiduría popular: cantos, saberes, refranes…

El Nuevo Testamento lo forman 27 libros divididos en cinco grandes grupos:

1. *Evangelios*. Son 4 y hablan de la vida, muerte y resurrección de Jesús.

2. *Hechos de los Apóstoles*. Es un solo libro que narra el nacimiento del cristianismo y las primeras comunidades cristianas.

3. *Cartas paulinas*. Son 14 y fueron escritas por san Pablo (o alguno de sus discípulos) y dirigidas a comunidades.

4. *Cartas apostólicas*. Son 7 y están escritas para animar y aconsejar a las comunidades. Sus autores utilizaron nombres de los apóstoles para atribuirse más autoridad.

5. *Apocalipsis*. El tema no es el fin del mundo, como se ha hecho creer, sino que trata de fortalecer la esperanza.

Cada uno de los libros de la Biblia se divide en capítulos y versículos. Para citar libros se utilizan abreviaturas, por ejemplo, Mateo = Mt. Y se hace de la siguiente manera:

Nombre del libro en abreviatura.

Número del capítulo. Que es el número grande y en negrita que aparecen en la Biblia.

Número de versículo o versículos. Son los números pequeños que aparecen en el texto.

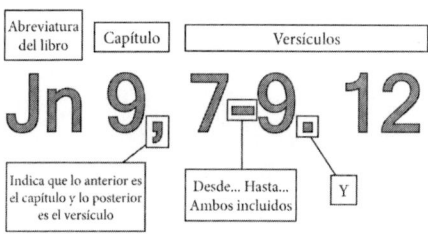

Cómo se formó la Biblia

Primero sucedieron los acontecimientos, en los que el pueblo descubre la presencia y actuación de Dios. El pueblo cuenta y transmite esos acontecimientos de palabra, y estos fueron pasando de boca en boca. En último lugar se fueron recopilando por escrito para que no se fueran olvidando.

¿Cuándo se escribió la Biblia?

La Biblia se fue escribiendo a lo largo de muchos siglos y por autores muy distintos.

El Antiguo Testamento empezó a escribirse hacia el año 1250 a.C. (las leyes y los mandamientos). En tiempos del rey Salomón, año 950 a.C. se empezó a escribir el Génesis, Éxodo y algún que otro libro más.

Alrededor del 850 a.C. muchos profetas y alguno de sus discípulos pusieron por escrito sus enseñanzas.

Hacia el 620 a.C. se escribieron el Deuteronomio, Josué y Jueces.

Como se puede observar, no fueron escritos «de carrerilla», ni por un solo autor. En el año 450 a.C. se realizó la «primera edición» del Antiguo Testamento en hebreo por Esdras.

Hacia el 250 a.C. fueron traducidos los textos del hebreo y aramea al griego y se sumaron nuevos libros escritos en griego (como por ejemplo el libro de la Sabiduría, Macabeos, Eclesiástico…). Así aparece la llamada Biblia de los Setenta.

El Nuevo testamento tardó menos en escribirse: entre los años 50-70 d.C. se escribieron las cartas de Pablo. Entre el 70 y 90 d.C. se redactaron los Evangelios y sobre el año 100 d.C. se escribió el Apocalipsis.

¿Quiénes son los escritores de la Biblia?

Como dijimos al principio la Biblia no es un libro al estilo tradicional. La Biblia ni se escribió «de carrerilla», ni está firmada por un solo autor.

La biblia es producto de una labor colectiva. Si tuviésemos que explicar la autoría de los libros de la Biblia de una forma fácil podría ser del siguiente modo:

El Antiguo Testamento lo podríamos dividir en tres grupos de escritores:

1. *Los historiadores*. A este grupo no les interesaba mostrar tanto la autoría como narrar la historia del pueblo, recopilando sus memorias y adaptándolas a sus necesidades.

2. *Los profetas*. Se dedicaron a predicar y fueron sus discípulos los que lo recopilaron y lo pusieron por escrito, aunque la autoría se le atribuye al profeta (Isaías, Amos…), lo «firmaron», por así decirlo, con el nombre de su maestro para darle autoridad a los escritos.

3. *Los sabios*. Recopilaron relatos, dichos… de la sabiduría popular y los «firmaron» con nombres de personajes famosos para revestirlos de autoridad (como, por ejemplo, Salomón).

En el Nuevo Testamento se da más importancia a la autoría de los libros. Podemos dividirlo también en tres grandes grupos de autores:

1. *Los evangelistas*: narran el testimonio de Jesús. La autoría como todos sabemos son Mateo, Marcos, Lucas y Juan.

2. *Los apóstoles*. La referencia principal es Pablo.

3. *Otros*. Sobre todo, cartas que se «firmaron» con el nombre de un apóstol para revestirlo de autoridad.

¿Por qué decimos que la Biblia es Palabra de Dios?

Para responder a esta pregunta, tenemos que hablar de inspiración. La Dei Verbum nos dice:

DV11: Las verdades reveladas por Dios, que se contienen y manifiestan en la Sagrada Escritura, se consignaron por inspiración del Espíritu Santo. La santa Madre Iglesia, según la fe apostólica, tiene por santos y canónicos los libros enteros del Antiguo y Nuevo Testamento con todas sus partes, porque, escritos bajo la inspiración del Espíritu Santo, tienen a Dios como autor y como tales se le han entregado a la misma Iglesia. Pero en la redacción de los libros sagrados, Dios eligió a hombres, que utilizó usando de sus propias facultades y medios, de forma que obrando Él en ellos y por ellos, escribieron, como verdaderos autores, todo y sólo lo que Él quería.

Pues, como todo lo que los autores inspirados o hagiógrafos afirman, debe tenerse como afirmado por el Espíritu Santo, hay que confesar que los libros de la Escritura enseñan firmemente, con fidelidad y sin error, la verdad que Dios quiso consignar en las sagradas letras para nuestra salvación. Así, pues, «toda la Escritura es divinamente inspirada y útil para enseñar, para argüir, para corregir, para educar en la justicia, a fin de que el hombre de Dios sea perfecto y equipado para toda obra buena» (2Tim 3,16-17).

Géneros literarios que aparecen en la Biblia

1. *Género mítico*. Cuando hablamos de género mítico nos referimos a narraciones ficticias para dar alguna enseñanza, por ejemplo, el Génesis.

   El controvertido texto de Génesis 1 sobre el origen del mundo llevo a un enfrentamiento con la Ciencia, pero el texto no quiere, obviamente, dar una respuesta científica. Habla simbólicamente de que todo depende de Dios como rey del universo:

   – Los siete días significan «perfección» de la creación.

   – La frase «Dijo Dios», indica el poder creador de Dios.

   – Y «Hagamos al hombre a imagen y semejanza», indica la misión del hombre de cuidar la naturaleza, de estar del lado del necesitado, de ser solidario y empático.

2. *Evangelios*. Este género solo aparece en el Nuevo Testamento. Los Evangelios son la proclamación de la Buena Noticia que Jesús trae al mundo.

3. *La Midrash o relectura del Antiguo Testamento a la luz de Jesús*: profecías aplicadas a Jesús (Isaías…).

4. *Género Epistolar*. En el Nuevo Testamento aparecen 21 cartas. Las características generales de las cartas las podríamos resumir del siguiente modo:

– Sus destinatarios son personas o comunidades concretas (Tito, Tesalonicenses...).

– Su finalidad es animar, corregir...

5. *Género Profético*. Los libros proféticos transmiten su experiencia de fe. Con sus profecías buscan animar y denunciar; denuncian la idolatría, la injusticia y anuncian la santidad, el reinado de Dios...

El profeta habla en nombre de Dios y por eso se utilizan expresiones como: «Así dice Yavé...».

6. *Género apocalíptico*. Como ya dije, no habla del «fin del mundo». La palabra apocalipsis significa revelación, y aparece tanto en el Antiguo Testamento (por ejemplo, en Daniel) como en el Nuevo Testamento. Este género nació en épocas de fuerte persecución. El género apocalíptico suele utilizar un lenguaje simbólico, por ejemplo:

– Siete candelabros. Se refiere a las siete comunidades.

– Cabellos blancos. Se refiere a la eternidad.

– Espada que sale de su boca. Se refiere a la palabra que tiene poder.

EL ANTIGUO
TESTAMENTO

HECHOS Y PERSONAJES IMPORTANTES DEL ANTIGUO TESTAMENTO

Los Patriarcas

Antes de la formación del pueblo de Israel y su llegada a la tierra prometida, un grupo de nómadas vivieron aproximadamente desde el 1800 al 1600 a.C. Esta fue la época de los padres de Israel: Abraham, Sara, Isaac, Jacob...

Al principio era un grupo de nómadas en tierras de Mesopotamia, Canaán, Egipto... Que se iban desplazando en busca de pasto para su ganado.

Esclavitud en Egipto

Entre los años 1600 y 1250 a.C. los israelitas estuvieron bajo el yugo de los egipcios. Su experiencia de Dios era muy ambigua, ya que muchos pensaban que ese Dios poderoso los había abandonado.

Liberación

Años 1250 al 1200 a.C., Dios escucha el clamor de su pueblo y los libera de la esclavitud. El pueblo siente la gracia de Dios y hace una alianza con Él: «Vosotros seréis mi pueblo y yo seré vuestro Dios». Es la experiencia de Dios solidario que escucha y ayuda a su pueblo. Esta experiencia la podemos ver en los libros del Éxodo, Números y Deuteronomio.

Tribus y Jueces

Los protagonistas de esta etapa son Josué, las distintas tribus, los jueces… La historia transcurre en Canaán donde estaban asentadas las distintas tribus. Esta época está marcada por la lucha por conseguir tierra y organizarse siguiendo los mandamientos dados a Moisés. La experiencia de Dios que tiene el pueblo, es la de un Dios de los ejércitos. Este periodo está contenido sobre todo en los libros del Deuteronomio, Josué y Jueces.

Los Reyes y los Profetas

Los personajes destacados de esta etapa son sobre todo los reyes Saúl, David y Salomón y algunos profetas, entre ellos: Samuel, Elías, Eliseo, Isaías, Jeremías… y los podemos encuadrar entre los años 1025 al 587 a.C.

Los territorios donde transcurre este periodo son principalmente Palestina, Samaria y Jerusalén. Esta etapa está marcada por el surgimiento de un modelo de gobierno monárquico, basado en la imposición y cobro de impuestos y en la creación de un ejército para la defensa del pueblo. La experiencia de Dios es la de un Dios que habla por medio de sus profetas, que denuncian el culto vacío y piden al pueblo que sea fiel a la Alianza. Este periodo lo tenemos recogido en los libros de Samuel, Reyes, Crónicas y en los libros de los profetas anteriormente nombrados.

Destierro en Babilonia

Años 587 al 539 a.C. Los protagonistas de este periodo son principalmente los profetas Isaías, Ezequiel... El escenario es Babilonia. Durante este periodo el pueblo está sometido como esclavo y empieza a decaer la fe.

La experiencia de Dios que transmiten los profetas es la de un Dios que consuela y les da esperanza. Esta etapa la tenemos recogida en los libros de Isaías y Ezequiel.

Fin del destierro en Babilonia y regreso a la Tierra

Años 539 al 333 a.C. Los protagonistas que marcan este periodo son el pueblo, Zorobabel, Nehemías, Esdras... El escenario es disperso, por un lado, tenemos Jerusalén, pero también parte del pueblo no vuelve y se queda disperso por Babilonia, Egipto...

Este periodo está marcado por el esfuerzo en la reconstrucción del Templo (símbolo de la identidad del pueblo) y por organizarse como pueblo. Todo esto lo encontramos en los profetas Nehemías, Esdras y tercer Isaías.

La defensa de la fe

Es la época de la dominación griega (333 al 63 a.C.). Este periodo está centrado sobre todo en la región de Judá. Los griegos quieren imponer su cultura y su politeísmo. Ante esto, los Macabeos se levantaron para defender su fe y cultura. Esto lo encontramos en los libros de los Macabeos y Daniel.

ETAPAS DEL ANTIGUO TESTAMENTO

EL GÉNESIS

El Génesis no se puede interpretar al pie de la letra, ni tampoco como un tratado científico; la lectura apropiada que debe hacerse es como un libro simbólico. De las páginas de este libro no se puede pretender sacar datos científicos, lugares o fechas. A lo largo de él encontraremos símbolos, imágenes, poesía…

Génesis 1. La creación del mundo.

Si analizamos este capítulo descubriremos símbolos como:

– Siete días. Para la cultura judía el número 7 significa perfección.

– El relato de la creación repite hasta diez veces: «Dios dijo hágase…», es decir, la palabra de Dios es creadora, pero según algunos exegetas estaría este texto relacionado con los diez mandamientos. Estos interpretan como símbolo que Dios con diez palabras creó el mundo y con diez palabras organizó un pueblo.

– La expresión: «Y vio Dios que era bueno», se repite seis veces en el capítulo. Toda la creación es buena, somos nosotros los que la destruimos.

– Esta frase: «Hagamos al hombre a imagen y semejanza» (Gen 1,26-27), indica la misión del hombre.

Génesis 2. La creación

Génesis 2 pretende dar respuesta a lo que todos nos preguntamos ¿Cuál es nuestra misión? ¿Cómo deben ser las relaciones entre las personas?

– Gen 2,7. La palabra «Soplar», simboliza el dar vida, la vida es el gran regalo.

– Gen 2,20. «Poner nombre», significa poner en mi memoria, poner en mi corazón.

– Gen 2,21. «Sacar de las costillas». La mujer tiene la misma naturaleza que el hombre, somos iguales.

Génesis 3. Adán y Eva

Encontramos que el hombre no acepta que es un ser limitado y quiere ser como Dios. En Gen 3,16 se narra la tentación, este texto nos indica que en el hombre siempre existen sentimientos ambiguos de bondad o maldad, de amor y odio…; pero la actuación del hombre tiene unos límites (mi libertad acaba donde empieza la de mi prójimo).

Génesis 4,1-16. Caín y Abel

Si analizamos los distintos símbolos veremos que (Gen 4,1-44): Caín («Querido por Dios») es agricultor (tiene estabilidad), ofrece los frutos de la tierra a Dios. Abel («Soplo, fragilidad») es pastor (vive al día), ofrece a Dios los primeros animales nacidos de su rebaño.

Ante las ofrendas de ambos hermanos, Dios escoge la de Abel, pero no porque sea mejor sino porque es el más débil. Seguidamente se nos narra el asesinato de Abel (Gen 4,4-8): ante la elección de Dios, Caín se enfada y asesina a su hermano. Previamente Dios le había preguntado «¿Por qué te enfadas?», pero a pesar de la interpelación de Dios, asesinó a su hermano.

Dios pide justicia ante el asesinato (Gen 4,9-10) y viene el castigo de Caín (Gen 4,11-14), Dios no quiere la muerte de Caín, así que lo vuelve errante (débil), es decir, pone al fuerte en el lugar del débil; a pesar del castigo, Dios protege a Caín (Gen 4,15-16) y lo acompaña en su caminar.

Gen 5: Las genealogías

En este capítulo son clave los símbolos del número diez, los nombres y las edades.

Aquí se resume la historia del pueblo recurriendo a sus antepasados: Adán, Set, Enos, Canián, Malael, Yared, Enoc, Matusalen, Lamec y Noe. En total diez generaciones. Estas diez generaciones son seguidas de otras diez en Gen 11,10-32 (Sem, Arfaxad, Sale, Heber, Páleg, Reu, Sarug, Najor, Teraj y Abram). Los diez nombres constituyen diez generaciones desde Adán hasta Noé (esto no quiere decir que sea así realmente). El número diez simboliza las figuras patriarcales más importantes, es decir, los fundadores de los distintos clanes. El número diez facilita contar con los dedos de las manos y así memorizar, ese número también le recuerda al pueblo los diez mandamientos.

Otro símbolo que aparece son los años o edades, los que vivieron más años indica que estaban bendecidos y fueron más importante, por ejemplo, Matusalén que según la Biblia vivió 900 años.

En este capítulo se quiere dar a conocer quiénes son los antepasados del pueblo de Israel, cuándo nacieron como pueblo. Al hablarnos de esto, responden a la pregunta de que no están solos, porque estar solos es no ser «nadie», ellos son el pueblo de Israel. Se reconocen como hijos de Adán, es decir, tienen unas raíces profundas.

Génesis 6-9. El Diluvio

Cuando suceden catástrofes naturales es muy común escuchar «¿Dónde está Dios? ¿Por qué permite tal o cual cosa?». Otros directamente atribuyen esas catástrofes a castigos divinos.

Analizamos el relato para ver qué nos quiere transmitir el autor bíblico:

1. *La corrupción en la tierra* es la causa del diluvio. Ante la conducta desordenada de los hombres, Dios se arrepiente de su creación y quiere destruir todo para empezar de nuevo.

2. *Noé, el único hombre justo*, construye el Arca (símbolo de la salvación). Dios lo encuentra justo y tiene misericordia de él.

3. *El diluvio*. Una vez que todos estuvieron a salvo en el Arca, comienza el diluvio. Llueve durante cuarenta días y cuarenta noches, y las aguas subieron siete metros sobre las montañas.

4. *La nueva creación*. Las aguas comienzan a asentarse.

5. *Noé da las gracias* a Dios.

El arcoíris es símbolo de la bendición y alianza de Dios.

¿Qué nos quiere decir el Texto?, que la maldad del hombre influye negativamente en el mundo. Tened en cuenta que en la antigüedad era muy común ver una relación directa entre el hombre, la naturaleza y Dios; y cuando el hombre rompe esos equilibrios, Dios y la naturaleza protestan.

Génesis 10. El mapa de los pueblos

La nueva humanidad surgida del diluvio toma como padre a Noé (único superviviente) que se convertirá en el padre de la nueva humanidad, una humanidad que se diferencia de modo natural por el hecho de proceder de sus tres hijos: Sem, Can y Jafet. Es una humanidad no caótica, sino nacida de un mismo padre, es fraternidad, pero a la vez cada hijo tiene sus propias características físicas y territoriales:

1. *Jafet.* Su nombre se extiende por los pueblos del norte y del oeste del mundo antiguo: Asia Menor y los territorios de occidente.

2. *Cam.* Como hijos suyos aparecen los de la región de Cus (Etiopia, Egipto y Canaán).

3. *Sem.* Sus hijos ocupan un vasto territorio que va desde Elam, pasando por Assur y llegan hasta los arameos.

¿Qué significa esta narración? El pueblo de Israel se descubrió como parte de un conjunto de pueblos nacidos de un mismo padre. Esta historia le permitió descubrir a otros pueblos con sus semejanzas y diferencias; se descubrió a sí mismo no como el único pueblo ¡centro del mundo!, sino como parte de un gran conjunto de pueblos con quienes le tocaba convivir, aceptando sus diferencias y, al mismo tiempo, convenciéndose de que todos los pueblos son hermanos, nacidos de un mismo padre.

Génesis 11,1-9. La torre de Babel

Si analizamos este texto veremos lo siguiente:

– El *versículo 1*. dice «Todo el mundo tenía un mismo idioma». Con esta frase el autor quiso expresar la creencia antigua de que todos hablaban un mismo idioma, esta premisa es el punto de partida para explicar la multiplicidad de idiomas.

– El *versículo 4*. dice «Construyamos una ciudad con una torre que llegue hasta el cielo, así nos haremos famosos». La construcción de torres era muy común en Mesopotamia ya que era una zona muy llana, y se creía que Dios habitaba en las alturas.

– La torre de la que habla el relato quería satisfacer las necesidades y pretensiones de los poderosos de querer, en cierto sentido, ser como Dios.

– El *versículo* 5. dice «Yavé bajó para ir a la ciudad». Podemos fijarnos en esta ironía, los ricos y poderosos quieren subir (ser en cierta manera como Dios) y Yavé decide bajar. La solución que encuentra Dios es dispersar a las personas y confundirlas con sus lenguas.

– El *versículo* 8. dice «Así Yavé dispersó sobre la superficie de la tierra».

¿Qué nos quiere decir el texto? El pueblo de Israel estaba intrigado por el hecho de que siendo hijos de un mismo Dios y descendientes de una misma familia ¿por qué no hablan el mismo idioma?, ¿por qué unos pueblos tratan a otros como esclavos? (ellos mismos estuvieron deportados en Babilonia).

Cuando el pueblo de Israel estuvo en Babilonia encontraron torres en ruinas que habían sido construidas para dar culto Marduk; según los israelitas, la diversidad de lenguas fue un castigo hacia los poderosos que querían alcanzar el «cielo» (desafiar a Dios).

EL ÉXODO

La historia del Éxodo tuvo tres etapas:

1. Salida de Egipto.
2. Peregrinación por el desierto.
3. Llegada a la tierra prometida.

Podemos verlo paso a paso, el pueblo de Israel va pasando por distintas etapas:

a. *La sumisión*. En Ex 1,11 vemos un pueblo doblegado y sumiso, no reacciona y asume su condición de esclavos.

b. *Clamor y crisis*. Cuando el Faraón muere, el pueblo reacciona: «los israelitas gemían bajo el peso de la esclavitud y gritaron» (Ex 2,23). Por ello, cuando Moisés se presenta ante ellos con su mensaje de libertad, se sienten alegres y adoran a Yavé (Ex 4,31). La crisis surge cuando el nuevo Faraón responde aumentándoles los trabajos, entonces los capataces israelitas se enfrentan a Moisés y a Aarón: «Que Yavé os examine y juzgue porque nos habéis vuelto odiosos al Faraón y a su corte, y habéis puesto en su mano

31

una espada para que nos mate» (Ex 5,21). El pueblo empieza a desconfiar de Moisés: «Los israelitas no hicieron caso porque estaban agobiados por una dura esclavitud» (Ex 6,9). A partir de aquí ya no aparece nada del pueblo en el relato, el texto se centrará en las figuras de Moisés y el Faraón hasta el momento de la salida, donde el pueblo vuelve a adorar a Dios y obedecerle (Ex 12,27-28).

c. *Miedo a la libertad*. Los israelitas temen esa nueva libertad que se les presenta y vuelven a criticar a Moisés: «¡Es que no había sepulturas en Egipto! ¡Nos trajiste al desierto para que nos muriéramos! ¡Por qué nos trataste así, sacándonos de Egipto!» (Ex 14,10-21). Pero después ven el gran milagro del Mar Rojo: «Israel vio el gran poder con que Yavé actuó contra Egipto. Entonces el pueblo temió a Dios, creyó en Él y en su siervo Moisés» (Ex 14,30).

d. *Miedo y desconfianza*. La travesía del pueblo por el desierto estuvo marcada por un miedo a la libertad, ya que esta tiene un precio muy alto, y añoran sus años de esclavitud.

El Faraón

El Faraón siente miedo. El primer Faraón no conoce a Moisés y siente miedo (Ex 1,8-10). Debemos recordar que José fue el salvador de Egipto, pero ahora ven a los israelitas como una amenaza, están creciendo en número y eso les asusta. Él pasa de la amistad a la enemistad: «Los egipcios les impusieron duros trabajos y les amargaron la vida con dura esclavitud» (Ex 1,13-14).

El Faraón obstinado. Dios le dice a Moisés (refiriéndose a Ramsés II): «Sé que el rey de Egipto no os dejará marchar sino es obligado con mano fuerte» (Ex 3,19). El primer encuentro con Moisés es el enfrentamiento: «¿Quién es Yavé para que tenga que obedecerle y dejar salir a los israelitas?» (Ex 5,2), ocurrió como ocurre hoy día, los poderosos y opresores no quieren cambiar su situación de privilegio, solo se preocupan de sí mismos y quieren eliminar a aquel que quiere abrir los ojos al pueblo: «Moisés y Aarón ¿por qué alborotáis al pueblo que trabaja» (Ex 5,4).

El Faraón cruel. Ante las peticiones de Moisés, el Faraón responde con crueldad: «Carguen a estos hombres con más trabajo para que estén ocupados y no presten atención a palabras mentirosas» (Ex 5,9). Esta es una salida común en los opresores, ocupar el cuerpo para vaciar el espíritu.

Moisés

Está educado como rey, en un ambiente de lujo, pero no olvida sus raíces. ¿Cómo cambia Moisés?:

1. *Rabia*. Cuando presencia como un egipcio maltrataba a un israelita siente rabia (ante la explotación del débil) y asesina al egipcio (Ex 2,11-12). Siente el dolor del oprimido y reacciona con rabia y violencia. Huye a Madian, donde conoce a la familia de un sacerdote de los que también quieren abusar, aquí también vuelve a ponerse del lado del oprimido (Ex 2,16-20). Esta parte termina mostrándonos a un Moisés extrañando su tierra («Soy un emigrante en tierra extranjera» Ex 2,22) casado y con un hijo.

2. *La llamada*. En los capítulos 3 y 4 del Éxodo vemos una especie de forcejeo entre Moisés y Dios:

Duda. Yavé pide a Moisés que vaya ante el Faraón y libere al pueblo. Ante esta petición, Moisés se siente pequeño: «Quien soy yo para ir al Faraón», pero Yavé le da su apoyo: «Yo estaré contigo». Dios se revela a Moisés como el Dios de sus padres y el libertador (Ex 3,14), pero él sigue dudando pues piensa que el pueblo no lo creerá (Ex 4,1), nuevamente Dios le demuestra que estará con él y que pondrá prodigios en sus manos.

A pesar de lo anterior, Moisés se niega a ir a Egipto: «No tengo facilidad de palabra» (Ex 4,10), pero Yavé una vez más le muestra su ayuda y hablara por su boca (Ex 4,11-13).

Actuación de Moisés:

– Vuelve a Egipto y es criticado, tanto por el Faraón, como por los capataces (Ex 5,20-21).

– Paso del Mar Rojo. Alienta al pueblo y confía en Yavé (Ex 14,13).

– Travesía por el desierto. Da las leyes y los mandamientos al pueblo (Ex 16,17ss). Muere divisando la tierra prometida.

Imagen de Yavé en el Éxodo

a. Es un Dios que escucha a su pueblo, a su pueblo oprimido, esta experiencia va a recorrer toda la Biblia.

b. Es un Dios solidario. Esta imagen está bellamente expresada en el texto de Ex 3,7-15: «He visto la opresión de mi pueblo. He oído el clamor que le arrancan sus opresores. Yo conozco sus angustias. Voy a bajar para liberarlo. Lo sacaré de este país. Su clamor ha llegado hasta mí. Yo te envío al Faraón. Yo estaré contigo. Yo soy el que soy –es decir, yo soy el que estuve, estoy y estaré–. Yavé me ha enviado. Este será mi nombre para siempre».

Estas palabras le recuerdan al pueblo que es un Dios que ve, oye, conoce…, por tanto, actúa en el pueblo. El Faraón tendrá que aceptar «que no hay nadie como Yavé» (Ex 8,6), «que la tierra pertenece a Yavé» (Ex

9,29). La manifestación de su poder tiene lugar en el envío de las plagas y el paso del mar rojo.

En la travesía por el desierto está junto a su pueblo, lo alimenta, apaga su sed… y lo más importante, establece una Alianza.

Los diez mandamientos

El pueblo errante por el desierto hacia la tierra prometida se va encontrando por el camino con otros pueblos y clanes con los que establece pequeñas alianzas. Añoran organizarse como pueblo, en el Monte Sinaí Dios les regala las leyes que serán el compromiso del pueblo con Dios y de Dios con el pueblo.

El surgimiento de los diez mandamientos no es algo «caprichoso», sino que es fruto de un intenso diálogo. El decálogo lo encontramos en Ex 20,1-17 y en Dt 5,1-21. Estos textos recogen la tradición oral que consistía en palabras o frases cortas, y con el tiempo fueron retocados y ampliados.

Si nos centramos en el relato de Ex 20,1-17 veremos que algunos podrían interpretar como que los mandamientos fueron escritos directa y personalmente por Dios, obviamente Dios no actúa así. Los escritores sagrados para poder explicar y comunicar el mensaje usaron comparaciones, símbolos…, por ejemplo, la montaña simboliza el lugar donde se junta la tierra y el cielo, la nube representa la gloria de Dios, los rayos representan el poder y grandeza de Dios.

Se puede ver cada uno de los mandamientos:

1. «*No tendrás otros dioses fuera de mi*» (Ex 20,3).

Tiene sentido de exclusividad (Amaras a Dios sobre todas las cosas), este mandamiento encierra tres prohibiciones: no tener otros dioses (Ex 20,3). No hacer estatuas e imágenes, no tener ídolos (Ex 20,4). No postrarse ante otros dioses (Ex 20,5).

La imagen de Dios que nos muestra este mandamiento es la de un Dios celoso, es un Dios que no quiere que su pueblo vuelva a ser esclavizado ni sirva a ídolos. En Egipto el Faraón era visto como «dios», mandaba construir grandes imágenes de sus dioses ante los que el pueblo debía arrodillarse (Gen 47,13-26). Por el contrario, el nuevo pueblo de Dios es un pueblo amante de la libertad que rechaza la política de muerte del Faraón (Ex 1,8-22).

2. «*No tomes en vano el nombre de Yavé tu Dios*» (Ex 20,7).

En el antiguo oriente el nombre tiene una gran importancia ya que expresa la naturaleza y singularidad de una persona. Al revelar el nombre se revela algo de sí mismo.

La imagen de Dios que se nos ofrece es la de un Dios que se muestra al pueblo, «revela» su nombre a Moisés: «Yo soy el que soy» (Ex 3,14). Al revelar su nombre, también revela su proyecto de libertad con el pueblo, pero también recuerda el castigo para quienes busquen utilizar su nombre para beneficio propio. Debemos dejar a Dios ser Dios y no hacerlo a imagen y semejanza de nuestros intereses.

3. «*Acuérdate del día sábado para santificarlo*» (Ex 20 8-11).

La exégesis descubre dos sentidos de este mandamiento, el sentido más antiguo se refiere a dedicar un día a Dios para no olvidarlo (Dt 5,12-15). El otro sentido hace alusión al relato de la Creación (Dios creó el mundo en seis días y al séptimo descansó).

La palabra «sábado» en hebreo significa «séptimo» y se parece mucho a otra palabra que significa «detenerse». El sentido del mandamiento no es tanto «santificar» un día, sino dedicar un día para el descanso, el recuerdo y la celebración (nosotros celebramos el domingo porque con la resurrección de Jesús comenzó la recreación).

La imagen de Dios que se nos muestra es la de un Dios creador y liberador. Es el Señor de la historia (dueño de todos los días). Es un Dios solidario con los que trabajan duramente y necesitan parar y descansar (en Egipto no tenían tiempo para el descanso Ex 5,1-8).

4. *«Respeta a tu madre y a tu padre»* (Ex 20,8).

En la familia radica el principio de unidad. En este mandamiento Dios se revela como el Dios de los padres, de Abrahán, Isaac y Jacob (Ex 3,16). Es un Dios cercano que está junto al pueblo, junto a las familias, no es un Dios lejano. En Egipto la palabra del Faraón era la ley y dominaba todo.

5. *«No matar»* (Ex 20,13).

En hebreo «matar» implica una muerte violenta. Este mandamiento pide su cumplimiento, no solo a nivel individual, sino también a nivel social. La imagen de Dios que se nos muestra es la de un Dios amante de la vida. En Egipto el Faraón era el «dueño» de la vida y la muerte.

6. *«No cometerás adulterio»* (Ex 20,14).

Este mandamiento defiende la integridad de la familia. Nos muestra una imagen de Dios que desea la igualdad entre el hombre y la mujer. En el «viejo» pueblo de Egipto se daba el modelo de vida patriarcal y machista; en el nuevo pueblo de Dios se pide la igualdad entre hombres y mujeres (ciertamente esto fue más un ideal que un compromiso, solo basta recordar cómo era considerada la mujer en la época de Jesús).

7. «*No robarás*» (Ex 20,15).

Robar implica despojar a la persona de algo personal, no solo de algo material. Dios es el dueño del universo, y por tanto nadie tiene derecho a quitar nada a nadie, sobre todo a los más pobres. El Dios de Israel es un Dios que denuncia el acaparamiento de unos pocos. En el «viejo» pueblo de Egipto estaba prohibido el robo en las calles, pero el sistema estaba basado en el pillaje; el Faraón podía apropiarse de tierras y pertenencias ajenas si así le apetecía. El pueblo de Israel en su peregrinar por el desierto cuando recibió el maná del cielo algunos acapararon más de lo que podían dejando a otros sin nada, y Moisés les dijo: «Que nadie guarde nada para mañana» (Ex 16,19), el pueblo experimento que es mejor compartir que acumular.

8. «*No dar falso testimonio contra tu prójimo*» (Ex 20,16).

Este mandamiento es un alegato a la justicia, Dios es un defensor de la verdad.

9. El mandamiento 9 y 10: «*No codicies la casa de tu prójimo*». «*No codicies su mujer, ni sus servidores, su buey o su burro*» (Ex 20,17).

No debemos codiciar lo que no nos pertenece, lo que es de nuestro prójimo. Yavé es un Dios generoso que quiere dar a todos lo suficiente para que a nadie le falte nada. En el «viejo» pueblo de Egipto, por ejemplo, la mujer era una propiedad más, un «objeto» de uso. El ideal que se propone Yavé y el «nuevo pueblo» es que la mujer sea respetada y no codiciada (también fue un ideal para el pueblo judío, por ejemplo, el rey David codició y robó a Betsabé, mujer de Urías. Jesús dejara las cosas más claras).

LOS PROFETAS: HOMBRES DE DIOS

En el Antiguo Testamento, los profetas ocupan un lugar destacado y eran muy leídos en la liturgia del pueblo.

¿Quién es un profeta?

No son adivinos del futuro, son grandes analistas del presente. Para responder esta pregunta nos centraremos en el pasaje de Jer 1,4-10. 16-19:

1. *El profeta es elegido para una misión.* «Antes que tú nacieras yo te escogí» (Jer 1,6). En el plan de Dios todos somos elegidos para realizar una misión. La misión del profeta es: anunciar, denunciar, consolar..., por ejemplo, Jeremías está llamado para «arrancar y derribar, para edificar y plantar» (Jer 1,10).

2. *Es una persona inspirada.* «Entonces Yavé extendió su mano y me toco la boca» (Jer 1,9). Isaías dirá que él tenía labios impuros y Dios mismo, con un carbón encendido, se los purificó para que hable en su nombre (Is 6,5).

3. *El profeta es una persona pública.* «Tú ahora renueva tu valor y ve a decirles lo que te mande» (Jer 1,17). El

profeta está en contacto con el mundo que le rodea, conoce la situación de su pueblo.

4. *El profeta es una persona amenazada.* «Ellos te declaran la guerra, pero no podrán vencerte, pues yo estoy contigo» (Jer 1,19). Por ejemplo, a Jeremías lo acusan de ser traidor y se burlan de él. Pero los profetas denuncian el mal y se niegan a participar en el «juego» de los poderosos.

5. *El profeta es una persona carismática.* Tiene una gran capacidad de sintonizar con las luchas y esperanzas del pueblo.

Historia del movimiento profético

Quiero empezar diciendo que los profetas no son exclusivos del pueblo de Israel (ya existían en Babilonia y Egipto). Israel conoció este movimiento y heredó dicha tradición, dándole una nueva identidad a partir de su experiencia de Dios. Lo podemos ver:

1. *El amanecer de los profetas.* El movimiento de los profetas, por así decirlo, va desde el año 1000 hasta el 800 a.C. Los profetas de esta época son: Samuel (1Sm 9,6-7), Ajias (1Pe 14,1-16), Elías (2Re 1,16-17) y Eliseo (2Re 5,20-27).

2. *Época de oro de los profetas.* Periodo que va desde el 800 al 700 a.C. Israel está dividido en dos reinos

(Norte y Sur). Los profetas de esta época son Amos y Oseas (Reino Norte) y Miqueas e Isaías (Reino Sur).

3. *Época de la desesperanza*. Periodo comprendido entre el 700 al 600 a.c. Los profetas más destacados son Sofonías, Jeremías, Habacuc…, estos profetas tratan diversos problemas, nos encontramos muy próximos al exilio en Babilonia.

4. *Época del exilio*. Periodo comprendido entre los años 600 al 500 a.C. Esta época está marcada por los mensajes de esperanza y consuelo. Los profetas más destacados son Ezequiel y el segundo Isaías (Is 40-55).

5. *Época de la restauración*. Periodo comprendido entre el 550 al 450 a.C. Los profetas más destacados son Ageo, Zacarías y el tercer Isaías (Is 56-66), que piensan en Israel como luz de las naciones.

6. *Ocaso de los profetas*, que tiene lugar a partir del 450 a.C. El profetismo pierde vigencia. De esta época podríamos destacar el segundo Zacarías (Zac 9-14) y Joel.

Estudio de algunos profetas más representativos

Elías

«Cuando Ajab, rey de Israel, vio a Elías le dijo: "Ahí vienes ¡peste de Israel!". Contesto Elías: "No soy la peste de Israel sino tú y tu familia, que han abandonado los mandamientos de Yavé para servir a Baal"» (1Re 18,17-18).

En la época de este profeta, el Reino Norte se encontraba plagado de idolatría. Baal, dios de los cananeos, era visto como el dios del culto y la fertilidad, el dios de la «prostitución sagrada».

El nombre Elías significa «Yavé es mi Dios» (ya dijimos anteriormente la importancia del nombre en los judíos), vivía en una región pobre y alejada del culto a Baal.

Cómo actúa el profeta:

1. *Denuncia la idolatría.* Muestra que Yavé es el verdadero Dios, no Baal. En cierto modo se vuelve violento contra los «falsos profetas» de Baal, a los que no dudo incluso en matar a espada. La acción del profeta tiene un sentido religioso y político, «defender a Yavé es defender la justicia del pobre y de la viuda».

2. *Defiende a Nabot,* un humilde campesino. El rey Ajab (que daba culto a Baal) quiso apropiarse de las tierras de Nabot, al no conseguirlo ordena su asesinato. Elías denuncia la actitud de Ajab, la tierra es una herencia «sagrada», un regalo de Dios.

3. *Experimenta que Dios es solidario con los más desfavorecidos* (1Re 17), pero a su vez este Dios solidario y compasivo puede ser muy violento con los que hacen sufrir a su pueblo.

4. *Elías lanza el manto sobre Eliseo* (1Re 19,19), este gesto simboliza que Eliseo ha sido escogido para continuar la labor que él ha iniciado.

Amos

«Yo no soy profeta, ni hijo de profeta, me gano la vida cuidando ovejas y recogiendo higos, pero el Señor me quitó de andar cuidando rebaños y me dijo: "Ve y profetiza en mi nombre a mi pueblo Israel"» (Am 7,14-15).

Este profeta vivió en el Reino del Norte, durante esa época este reino gozaba de un aparente progreso, había un pequeño grupo de ricos gracias a la explotación, y un gran número de empobrecidos. La clase rica, que vivía en su mayoría en Samaria, justificaba su forma de vida con cultos vacíos. Por otra parte, el reino estaba amenazado por los Asirios.

Amos era originario de Tecos, región desértica de Judá, cuando entro en Israel sus palabras fueron «Yo no sé hablar, no tengo estudios ni letras…», «Yo no soy profeta ni hijo de profeta» (Am 7,14).

Actuación del Profeta:

1. *Denuncia a los comerciantes y tribunales.* Amos denuncia los lujos de una parte del pueblo porque son fruto de la opresión a los más débiles. Los poderosos engañan y roban al humilde con salarios ínfimos, con precios desorbitados, con juicios «amañados» …

2. *Denuncia el culto vacío*, el culto exterior que busca aparentar, pero no transforma. Critica las ofrendas, los sacrificios… que no agradan a Dios porque sus manos están manchadas por la injusticia y la opresión.

3. A pesar de todo hay esperanza, *no todo está perdido* (Am 4,4-5).

4. El Dios que proclama Amos *es un Dios de justicia*, que rechaza ritos vacíos y perdona a su pueblo (Am 7,1-3; 5,24).

5. El gesto simbólico de «Sacudir las columnas del Altar» (Am 9,1), simboliza y expresa la falta de «columnas» que pueden sostener al pueblo, estas columnas serían la justicia, la fe en Yavé…; las «columnas» actuales están huecas y por eso Israel está a punto de derribarse (Am 9,1-4).

Isaías

Entre los años 740-700 a.C., el Reino del Sur estaba sufriendo guerras internas entre Samaria y Jerusalén. Además de estas guerras, los asirios amenazaban con una invasión. Por otra parte, el Templo estaba centrado en sacrificios y rituales, e Isaías propone que éste sea el refugio de los pobres, lo que provoca la ira de los sacerdotes. El profeta sueña y anhela la llegada de un Mesías sencillo y sin poder.

Estando Isaías en el Templo recibe la llamada de Dios. Él se siente impuro, pero Yavé purificara sus labios. «Y oí la voz del Señor que decía: "A quién enviare y quién ira por nosotros". Y yo respondí: "Aquí me tienes mándame a mi"» (Is 6,8).

Actúa de la siguiente manera:

1. *Debe elegir entre Dios o las armas.* Ante los enfrentamientos y las amenazas externas el rey Ajab se inclina por la salida militar, mientras que Isaías contrapone la profecía a las armas. El rey debe optar por una de las dos y esto provoca la ruptura entre Isaías y Ajab. El profeta pone su esperanza en el nuevo rey David, que procede «del tronco de Jesé» como un «retoño».

2. *El Templo es el lugar central de la vida de Jerusalén,* donde fue llamado por Dios. La posición del profeta con respecto al Templo es clara y radical: no es para sacrificios, sino un lugar sagrado para la ley, especialmente aquella que es en defensa del pobre; y lo más importante, el Templo es el «refugio del pueblo». Los sacerdotes acostumbrados a vivir de los sacrificios no comparten la «visión-denuncia» de Isaías, y lo marginan.

3. *La denuncia social.* «Pobres de vosotros que teniendo una casa compran el barrio entero, pobres de aquellos que teniendo un campo se apropian de

otro campo y dejan sin nada a los demás» (Is 5,8-13). Isaías anda descalzo y casi desnudo para simbolizar que el pueblo de Israel será esclavo del imperio asirio (Is 20,2-3).

Jeremías

La época en que vivió Jeremías (627-587 a.C.) es un momento trágico para Judá: Babilonia se ha convertido en una gran potencia y poco a poco va dominando los pueblos que va encontrando a su paso. El mismo Egipto teme a los babilonios, y utiliza a Judá para bloquear la invasión.

Jeremías nació en Anatot, que estaba muy cerca de Jerusalén. Siendo muy joven Yavé le hace comprender que la llamada y elección comienza desde el seno materno. La llamada de Yavé a Jeremías tiene la misión de «arrancar y plantar, de destruir y construir», es una misión complicada y difícil, pero Yavé estará siempre con él.

Cómo actúa el profeta:

1. *No acepta la alianza con Egipto* para enfrentarse a Babilonia, esto supone para él que el pueblo y el rey lo rechacen y persigan.

2. *Condena la idolatría*. Jeremías condena con dureza a quienes no ponen su confianza en Yavé; condena a los que rinden culto a dioses extraños, a ídolos creados por el hombre pues se olvidan y alejan del verdadero Dios y de la Alianza.

3. *Condena la injusticia social*, hace ver que Israel ya no practica la justicia y oprime al débil.

4. *Anuncia la «Nueva Alianza»*. Jeremías no pierde la esperanza, les recuerda que Dios los saco de Egipto y siempre los ha cuidado. El profeta tiene la confianza de que un resto de Israel resistirá y sobrevivirá, y se convertirá en «la base del tronco» de donde brotará un nuevo pueblo. Así se podrá hacer una Alianza Nueva y eterna que se grabará en los corazones (así no se podrá borrar).

Segundo Isaías

«Consolad a mi pueblo, nos dice Dios, habladle al corazón y decid bien fuerte que su jornada ha terminado, y que ha sido pagada su culpa» (Is 40,1-2). El primer Isaías (Is 1-39) vivió en el reino de Judá sobre el año 740 a.C., mientras que el segundo Isaías (Is 40-55) vivió en la época del destierro (540 a.C.), y el tercer Isaías (Is 56-66) vivió la época de la restauración después del destierro.

Nos vamos a centrar ahora en el segundo Isaías. Nos situamos al final del destierro, donde el pueblo ha sufrido por estar fuera de su tierra; han quedado destruidos el Templo (centro de la vida del pueblo), la ciudad de Jerusalén… Ante estos desastres muchos han perdido la fe, pero aún queda un resto que confía en Yavé.

¿Quién es el segundo Isaías? Fue un seguidor de Isaías (o primer Isaías) y se siente en comunión con su «maestro». No nos dice cómo fue su llamada, pero empieza a escribir usando el nombre de Isaías.

Cómo actúa:

1. *Denuncia los ídolos de Babilonia*. El segundo Isaías apenas hace denuncias sociales, sus denuncias se centran en aquellos que ante la prueba del destierro han abandonado a Yavé, y han buscado refugio en los ídolos creados por el hombre.

2. *Anuncia la «Buena Noticia»*. El libro del segundo Isaías (Is 40-55) es conocido como el libro de la consolación de Dios. Este profeta quiere dar una «Buena Noticia», y es en este libro donde por primera vez aparece en la Biblia la palabra Evangelio (Buena Noticia).

3. *Muestra a Dios en la Historia*. La Creación y la Historia son instrumentos en manos de Dios; por tanto, Ciro, el pueblo y el mismo profeta son instrumentos de los que Dios se sirve para realizar sus designios.

En Is 42,1-9 aparece la figura del «siervo sufriente», una figura simbólica. Este profeta ve a Jeremías como el ideal de siervo sufriente, y en sus cuatro cánticos lo presenta como modelo al pueblo:

1º. Cántico (Is 42,1-9). Dios llama y nos presenta a su siervo: el pueblo pobre y sufriente.

2º. Cántico (Is 49,1-6). El pueblo-siervo toma conciencia de su misión y la acepta.

3º. Cántico (Is 50,4-9). El pueblo aguanta, lucha y resiste.

4º. Cántico (Is 52,13-63. 53,12). El pueblo cae y se levanta.

Joel

«No tema suelo-tierra, no temáis animales del campo, porque ya reverdecen los pastizales del desierto y los árboles producen fruto… comenzarán hasta llenar… Sucederá que después de todo esto yo derramare mi Espíritu en toda carne» (Jl 2,2. 22,26. 3,1).

Este profeta vivió aproximadamente por el año 400 a.C. El pueblo israelita ya había vuelto del destierro, el Templo había sido restaurado al igual que Jerusalén, pero sigue bajo dominación persa. Existen divisiones internas y muchos viven en diásporas, este hecho hace que el judaísmo vaya entendiéndose como una religión que traspasa las fronteras del pueblo. Los israelitas buscan reencontrarse como pueblo en la Ley, la circuncisión, el sábado y la liturgia. En esta situación se producen una gran sequía y unas plagas, que llevan a Joel a implorar al Señor, a soñar con un futuro mejor.

Cómo actúa el profeta:

1. *Recuerda denuncias pasadas.* Joel retoma algunos pensamientos de los profetas anteriores a él para sostener su idea central: cuando la falta de tierra propia apaga la esperanza, también se empieza a ahogar la libertad de palabra.

2. *Da anuncios de esperanza.* Abundaran las cosechas.

3. *Anuncia un Dios del perdón,* un Dios que prepara para el futuro abundancia de bienes, trigo…

4. Como gesto simbólico habla del *día de Yavé* (Jl 2,1-11). Joel tiene una visión del día de Yavé en el que se estremecerán los astros como señal del juicio, y su acción será una liturgia perfecta.

LOS LIBROS SAPIENCIALES

¿Qué es la sabiduría en Israel? La sabiduría tiene el propósito de ayudar al individuo en su educación; los sabios quieren ayudar a la nueva generación a que tengan una profunda experiencia de Dios único y verdadero; también se les quiere ayudar a orientar sus vidas hacia el éxito y el bienestar. La fuente de la sabiduría es Dios y, para obtenerla, hay que tener una relación estrecha con Él, a esto es lo que se llama temor de Dios.

Podemos destacar algunas formas de sabiduría hebrea:

1. El *Mashal*, en hebreo quiere decir «el proverbio», viene de una raíz que significa «gobernar». A lo largo de todo el Antiguo Testamento vamos a encontrar diversos modos de mashal o proverbios de corte popular o folclórico.

2. *Proverbios populares* los podemos encontrar en:1 Sam 24,13; 10,11; 1Re 20,11; Ez 16, 44.

3. *Adivinanzas*: Ju 14,3-18.

4. *Fábulas*: Ju 9,8-15.

5. *Himnos*: Prov 1,20-23; 8,12-18; Job 28.

6. *Consejos con base en la experiencia*: Prov 24,30-34; 4,6-9; Ecl 1,12; 2,26.

7. *Reflexiones sobre la naturaleza*: Job 28,15-19.

Contexto de los libros sapienciales

Todas las reflexiones expresadas en proverbios y refranes se transmiten de generación en generación desde los tiempos de las tribus hasta que se organizaron en la tierra recién conquistada. Seguramente algunos de estos proverbios se han perdido como ha sucedido en la historia con aquellos pueblos que tienen un lenguaje oral, pero no lo ponen por escrito.

Cronológicamente la escritura de los libros sapienciales la podemos ubicar en la época de la Restauración, es decir, después del regreso de Babilonia. Para esta época los historiadores han terminado de redactar sus grandes obras, y surge la necesidad de recuperar los proverbios antiguos que les habían servido tanto en su educación, pero a su vez componen otros que sustentan las nuevas condiciones en que viven. A este periodo se le conoce como judaísmo.

Contexto del Judaísmo

Para entenderlo es necesario situarnos un poco y recordar la situación que vivió el pueblo durante el exilio: no tienen Templo, ni identidad, se encontraban desorientados. Tras el final del destierro surge el deseo de una relación personal con Dios que está basada en el grado de cumplimiento de la Ley, es decir, serán premiados o castigados. Así aparece la idea de que solo los miembros del pueblo judío eran «puros», de aquí nace el sentimiento nacionalista, el pueblo de Israel es «elegido» por Yavé. El considerarse como pueblo elegido le hace tomar acciones como, por ejemplo, expulsar a las mujeres extranjeras para purificar la raza judía; se acentúa el valor de la Ley y de las prácticas de pureza (esto no fue unánime en todo el pueblo) pues veían en estas prácticas un riesgo para el espíritu de la Alianza, un ejemplo de esta «resistencia» son los libros de Rut y Job que veremos más adelante.

La cultura griega

Durante el periodo comprendido entre el 330 al 300 a.C., y fruto de las invasiones griegas llevadas a cabo por Alejandro Magno se introducen en el pueblo israelita nuevas visiones de la nueva cultura griega, como, por ejemplo:

1. Los judíos (que tenían ciertos prejuicios frente al cuerpo y la sexualidad) se ven desafiados por la cultura griega que introduce el culto al cuerpo (sobre todo del hombre).

2. El judío recibía su instrucción en la sinagoga, mientras que los griegos la recibían en el teatro y el gim-

nasio. Para los griegos lo importante era cultivar la inteligencia, para el judío el cumplimiento de la Ley.

3. El griego quería explicar la vida a través de la idea del alma y el cuerpo, el alma era incorruptible por tanto es lo que más debemos cuidar. Esto supuso una novedad para los judíos que tenían la idea del cuerpo y el espíritu unidos totalmente.

4. El griego justifica la esclavitud puesto que como lo importante es salvar el alma, no importa destruir el cuerpo.

Los libros de la sabiduría

Los libros de la sabiduría se fueron formando poco a poco, y son: Los Proverbios, Eclesiastés (Qohelet), Eclesiástico (Sirácides). Himnos y cánticos (los Salmos), poemas de amor (Cantar de los cantares) y Job

Es difícil descubrir los autores concretos de estos libros, solo sabemos que los escritores pusieron como autores de sus obras a personajes famosos, con ello buscaban darles más categoría a sus libros; a este proceso de nombrar una obra con el nombre de un personaje famoso se le denomina «seudónima».

La sabiduría israelita se fue formando a partir de una vida fiel a la Torá, desde ella se fue reflexionando sobre la vida y costumbres del pueblo. Por otro lado, el influjo de las culturas extranjeras tuvo también su importancia, muchos de estos libros de la sabiduría tratan de responder a los influjos paganos, por ejemplo:

1. *Job* intenta responder al enigma del mal y del inocente desdichado, pero sin aceptar la idea griega del destino o la fatalidad.

2. *El Eclesiástico y el Eclesiastés* abordan el tema del más allá, intentando conciliar la fe judía y la sabiduría de las naciones vecinas.

3. *El libro de la Sabiduría* (el más tardío del Antiguo Testamento) hace uso del vocablo griego (Sofía, sabiduría) para mostrar a los judíos que aún vivían en Egipto cuáles son las creencias tradicionales de Israel y así pudieran releer sus antiguas tradiciones.

4. *Tobías*. Quiere mostrar que los ángeles y demonios existen y actúan en la historia.

5. *Cantar de los cantares*. Es una síntesis impregnada de tradiciones judías y paganas.

Los libros que los conforman son:

Libro de los Proverbios (desde Salomón hasta el 400 a.C.)

En Pro 8,22-23 encontramos: «El Señor me creó al principio de sus tareas, antes de sus obras más antiguas. Fui formado en un paseo lejano antes de los orígenes de la tierra».

Este libro es una colección de dichos populares escritos en varias obras menores (digamos que recopila 600 años de sabiduría popular, desde Salomón al 400 a.C.). Sus puntos centrales de reflexión son la vida cotidiana y las relaciones con el prójimo. Jesús, conocedor de las Escrituras hace alusión a este libro cuando habla de las Bienaventuranzas, y en sus parábolas. El libro insiste mucho en la justicia social y termina con la alabanza a la mujer ejemplar (Pro 31,10-31), para indicar el papel primordial que tuvo la mujer después del exilio como compañera y ayudante de Dios (Pro 8,30).

Job (Del 400 al 300 a.C.)

«¡Y yo, que nada comprendía, trataba de torcer tus decisiones! Hablaba de cosas que no entendía, de maravillas que me superan y que ignoro. Te conocía solo de oídas, pero ahora te han visto mis ojos. Por eso retiro mis palabras y me arrepiento cubierto de polvo y ceniza» (Job 42,3. 5-6).

Este libro es una crítica a la teología de la retribución. Job se sitúa del lado del que sufre, de las víctimas. El libro indica el modelo de fidelidad que Dios quiere y se centra en: el sufrimiento del inocente, el grito del pobre y el grito del justo.

Job levanta su voz de protesta, es la voz de Dios en el pobre. Al final del libro, Dios va a dictar su sentencia: los designios de Dios van por otro lado.

Eclesiastés (300 a.C.)

«He visto todas las cosas que se hacen bajo el sol, y fíjate todo es vanidad y querer atrapar el viento» (Ecl 1,14).

Este libro también recibe el nombre de Qohelet. Y nos deja ver la expresión de una comunidad que sufre el impacto del mundo griego, frente a esta realidad de explotación el libro plantea una propuesta: «El trabajo sirve para la felicidad del hombre, no para que otros gocen del trabajo ajeno» (Ecl 5,17-19).

El Eclesiastés propone nuevos caminos para encontrarse con Dios, a Dios lo encontramos en el compartir solidario. El hombre debe rechazar cualquier tentación de dominar al prójimo. En el libro se va a repetir mucho la palabra vanidad: «Vanidad de vanidades todo es vanidad».

Eclesiástico (185-180 a.C.)

«Yo soy como canal que sale de un río, como acequia que entra en un jardín. Dije: voy a regar mi huerto, llenaré de agua mis huertos. He aquí que mi canal se ha hecho un río, y el río se ha convertido en mar» (Ecl 24,30-31).

También recibe el nombre de Sirácides, es curioso que es el único libro de la sabiduría del que se conoce su autor: Jesús Ben Sirá. Fue escrito entre el 185 y el 180 a.C. en hebreo. Parece ser que el nieto de Ben Sirá lo tradujo al griego y le añadió el prólogo y los últimos capítulos, y lo hizo en Egipto hacia el 130 a.C.

Es una obra ambigua que muestra su rechazo hacia la cultura griega, por otra parte, es el único libro sapiencial que retoma los libros históricos y legales. El autor, parece ser, un escriba; su obra es fruto de su aguda observación de los hombres y de su constante meditación de las Escrituras. Con su libro pretende llegar a todos con sus consejos, pues tiene conciencia de su sabiduría (Ecl 1,1-10).

También pretende dar un manual de reglas y normas prácticas para resolver los problemas de la vida cotidiana.

El Cantar de los cantares

«Yo soy de mi amado y él siente pasión por mí. Vamos, amado mío salgamos a la campiña, pasemos la noche en las aldeas; de madrugada iremos a las viñas; veremos si ya reverdecen, si las flores ya se abren, si florecen los granos. Allí te daré mi amor» (Cant 7,11-13).

Este libro fue compuesto como una crítica al Templo, a la ciudad de Jerusalén, y al «machismo» reinante. Su redacción final fue entre los años 500 y 400 a.C. y tenía una gran importancia pues se leía durante la Pascua. Se trata de una colección de cantos de amor popular, y el autor los pone en boca de Salomón. En el libro se habla una sola vez de Dios (Cant 8,6). En estos escritos el amor no está en función de la procreación sino de la entrega, se valora la afectividad y el sentimiento. Por otro lado, se denuncia el sistema que desvirtúa el amor y el sexo y se rescata la idea de la mujer amada como sujeto, no como objeto. Se usa el lenguaje del campo, el campo como lugar de encuentro; la mujer es descrita como de tez morena por el sol.

Libro de la Sabiduría (50 a.C.)

«Que Dios me conceda hablar con inteligencia, y tener pensamientos dignos de sus dones, porque Él es quien guía la sabiduría y quien dirige a los sabios» (Sab 7,15).

Fue escrito directamente en griego. Su autor es anónimo, pero por su obra sabemos que tenía un amplio conocimiento, tanto del ambiente cultural de Alejandría como de la tradición histórica y religiosa de Israel (Sab 11,4-19), está muy convencido del monoteísmo, por lo tanto, crítica y lucha contra la idolatría. A modo de curiosidad, es muy posible que Jesús no conociera este libro ya que en su ambiente no se conocían los libros deuterocanónicos.

El libro está dirigido a los judíos de la diáspora en Alejandría, ya que muchos habían perdido su fe frente a la influencia cultural griega.

El libro de la Sabiduría es una propuesta de resistencia frente al influjo cultural griego, busca dar ánimo al pueblo, al que invita a buscar la sabiduría de Dios en la historia para releer su pasado e iluminar el presente y el futuro. En este escrito Dios inspira a los sabios y justos; Él es el Dios de la vida que ofrece inmortalidad para los que aman la justicia y están en comunión (Sab 3,1-9; 6,13-18).

Los salmos

«Invoco al Señor con toda mi voz, suplico al Señor con toda mi voz, ante él desahogo mi lamento, ante él expongo mi angustia» (Sal 142,1-3).

El libro de los Salmos es una colección de oraciones, himnos y cantos que dejan ver la espiritualidad del pueblo de Israel, su experiencia de Dios en situaciones concretas: esclavitud, exilio...

Podemos decir que se trata de una colección que recorre la historia misma de la formación del pueblo de Israel, al ser considerado así no se puede fechar, pero si podemos decir que su formación abarca un periodo que iría desde el siglo XI hasta el siglo II a.C.

Este libro se podría dividir de la siguiente manera:

1. *Himnos o cantos de alabanza*. «Alaben al Señor naciones todas, glorificando pueblos todos» (Sal 117,1).

2. *Cantos de súplica*. Estos pueden ser queja, súplica, acción de gracias… «Dios mío, Dios mío ¿por qué me has abandonado? ¡Lejos está mi salvación de las palabras de mi clamor! Dios mío, de día clamo y no me respondes; de noche no hay reposo para ni» (Sal 22,1-3).

3. *Canto individual de acción de gracias*. «Te doy gracias Señor, de todo corazón…» (Sal 138,1).

4. *Lamento comunal*. (Sal 12).

5. *Salmos «reales»*. «Que el Señor cumpla todas sus peticiones; Señor, ¡Dale la victoria al rey!» (Sal 20).

Narrativa histórica

Rut, Ester, Judit, Jonás y Tobías

Estos libros surgen desde los «hogares» como oposición al Templo. El hogar era como un lugar de resistencia. Fueron escritos en el postexilio junto a la literatura sapiencial, como reacción del pueblo frente a los sacerdotes (representados por Esdras y Nehemías). Podríamos decir, que son como memoria histórica frente a la teología oficial:

1. *Judit* es un escrito de la época de los Macabeos, que utiliza a Nabucodonosor como símbolo de la dominación helénica.

2. *Rut y Judit* reflejan la problemática de los campesinos en el interior de Judá.

3. *Ester y Tobías* reflejan las dificultades de los judíos en la diáspora.

4. *Jonás* es un escrito que critica y ataca el nacionalismo elitista y religioso, contra el Templo, la raza y la Ley, como elementos de manipulación judía.

¿Qué rasgos tienen estos libros?

1. Protagonismo de la mujer en un proyecto alternativo de convivencia.

2. El pueblo es sujeto de su propia historia, no tiene poder, pero arriesgan su vida.

3. Dios actúa desde los más débiles.

4. La comunidad es el lugar para renovar el proyecto de Dios y para forjar el nuevo futuro.

Rut, un homenaje a las mujeres

Después de haber analizado los elementos centrales de los libros que forman parte de la sabiduría del pueblo de Israel, ahora nos centraremos en el libro de Rut que representa la fuerza popular de las mujeres de esa época.

La realidad social de la época. El libro de Rut no tiene un autor concreto, ni fecha aproximada de composición. Algunos biblistas lo sitúan unos 100 años después del exilio de Babilonia (sobre el 450 a.C.).

Nos situamos: después de soportar cuarenta años los rigores y explotaciones del destierro de Babilonia, Ciro, rey persa vencedor de los babilonios, ordenó el regreso de los israelitas a su tierra. Unos regresaron para iniciar la reconstrucción, otros tomaron la decisión de quedarse donde ya habían formado su familia; otros tomaron rumbo a Egipto…

Los que regresaron a Israel encontraron su país en ruinas, se pasaba hambre (Rut 1,1), los ricos se habían apropiado de las tierras, muchos tuvieron que emigrar dejando atrás a sus esposas e hijos (esto llevaba a la desintegración familiar). En definitiva, no se vivía en solidaridad y hermandad.

Ante este panorama se plantean varios proyectos de reconstrucción:

Primer Proyecto. Zorobabel (descendiente del rey de Judá) y Josué (descendiente del Sumo Sacerdote) buscan el apoyo de los profetas Zacarías y Ageo (Zac 4,6-10; Ag 1,12-15) para reconstruir el Templo de Jerusalén. Ellos afirmaban que Dios había castigado al pueblo por haber abandonado el Templo, dejándolo en ruinas. Por ello, organizaron a los levitas y sacerdotes para reconstruir el pueblo entorno al culto, pero se encontraron con la oposición de los samaritanos.

Segundo Proyecto. Esdras, el doctor de la Ley (Es 9,1-10; Ne 8,1-18) consideraba el sufrimiento como un castigo divino (se habían casado con extranjeras y habían adoptado costumbres paganas). Esdras tenía dos propuestas: la primera, expulsar a las mujeres extranjeras y sus hijos, y la segunda, el cumplimiento fiel de la Ley. Para este profeta, la reconstrucción del pueblo debía girar en torno al cumplimiento de la Ley y la pureza de la raza.

Tercer Proyecto. Nehemías fue nombrado gobernador de Judá (Ne 5,1-19), era un hombre sensible a los problemas del pueblo. Su interés fue reconstruir las familias, buscando su seguridad con la reconstrucción de las murallas de Jerusalén y el cumplimiento fiel de la Ley.

¿Qué propuesta hace el libro de Rut?

El libro de Rut es la constatación de que la historia de la mujer campesina, que lucha para que se le reconozcan sus derechos, es una realidad que estaba prevista dentro de la misma Ley. Rut es una protesta contra el proyecto de Esdras de expulsar a las mujeres extranjeras, este libro destaca la imagen de un Dios familiar que no necesita Templo, ni culto.

Estructura del libro

La realidad del pueblo (Rut 1,1-5). La gente no tiene tierra propia, las familias sufren, los niños y ancianos son abandonados…, pero aún no se pierde la esperanza y se lucha por un futuro mejor donde la vida vuelva a florecer.

Un dato curioso del libro de Rut es el carácter simbólico de los nombres que aparecen. Veámoslo:

– *Elimelek.* «Mi Dios y mi rey», recuerda la causa por la cual el pueblo está en desgracia (el pueblo prefirió un rey humano que el gobierno de Dios 1Sam 8,7).

– *Noemí y Mara.* «Gracia y amargura». Cuando el pueblo es fiel a Dios se convierte en la esposa «graciosa» de Dios, pero cuando es infiel todo se vuelve amargura.

– Majalon y Guilyon. «Obediencia y fragilidad». Al aceptar un rey se olvidaron que Dios era el único rey, como fruto de la desobediencia se vuelven frágiles, se dividieron en dos reinos (esto los debilito como pueblo).

– *Orfa.* «La que vuelve la espalda». La que no es solidaria y por eso continúa sola.

– *Rut.* «La amiga». Es la que entiende la solidaridad y se une a otras mujeres para buscar el camino correcto para solucionar los problemas.

Noemí decide regresar (Rut 1,6-22). El regreso lo inician tres mujeres: Noemí, Orfa y Rut (una israelita y dos extranjeras). Aunque distintas, comparten la misma problemática: no tienen tierra, ni esposo, ni alimento.

Noemí, aunque se siente fracasada, es capaz de explicar a sus nueras la dureza del camino. Orfa retrocede, pero Rut continúa y asume la vida de Noemí: «Donde tú vayas yo iré, tu pueblo será mi pueblo y tu Dios será mi Dios», esta es una opción radical por el más débil. Juntas llegan a Belén («Tierra del pan») y son recibidas por otras mujeres que le devuelven a Noemí las ganas de vivir.

Rut recoge las sobras de la cosecha (Rut 2,1-23). Este era un derecho de los pobres y extranjeros (Lev 19,9-10), recoger las espigas que quedaban después de la cosecha. Las dos mujeres se dejan guiar por la Palabra de Dios que viene a iluminarlas en los momentos difíciles y recuerda la alianza y la vida en la época de los jueces.

Por coincidencia Rut llega a los campos de Boas («Por la fuerza»), él es un hombre rico que está dispuesto a atender y escuchar a las mujeres abandonadas (Boas representa a Dios). Lo central de relato es el encuentro de Rut con Boas, se hablan al corazón, encuentran el amor y con este, el principio para solucionar los problemas.

Boas cumple con la ley del rescate (Rut 3,1-8). Según la ley judía cuando alguien, por pobreza, era obligado a vender su tierra, su pariente más cercano debía comprarla para el pariente afectado (Lev 25,23-25). Si alguien por pobreza se vendía como esclavo, su pariente más cercano estaba obligado a pagar por su liberación; este «rescatador» era conocido con el nombre de Goel.

Existía la «Ley del cuñado» o también conocida como la ley del levirato, que establecía que en el caso que un hombre casado muriera sin dejar hijos, el hermano del fallecido debía casarse con la viuda y el hijo que naciera debía ser considerado como hijo del fallecido (Dt 25,5-10). Esta ley garantizaba la continuidad de la familia e impedía que por falta de un heredero el apellido y el patrimonio acabaran en manos extrañas. Con esta ley se defendía la familia como base de la organización social.

Boas va a ser el Goel, todos somos responsables de la vida del otro, de hacer todo lo posible para que todos sean libres. La situación para Noemí era muy complicada ya que ella era anciana y no tenía cuñado que pudiera tomarla como esposa (no tenía amparo legal). Con gran alegría descubre que Boas era pariente, cabe recordar que Nehemías con todo su poder pidió que los ricos cumplan con esta ley, en este caso dos mujeres desprotegidas hacen que estas leyes sean cumplidas.

Boas se casa con Rut (Rut 4,1-12)*.* En esta situación de desprotección de Noemí, aparece un pariente cercano que debía cumplir la ley, pero solo buscaba enriquecerse. Boas propone una modificación de la ley, el que adquiera el terreno de Noemí debe adquirir también a Rut (Rut 4,5). Así, Boas une la ley del rescate con la ley del cuñado. Boas actualiza la ley para ayudar a los desfavorecidos y frente a testigos (Rut 4,10-11), ejerce su derecho y cumple su deber, decisión que es aceptada por el tribunal. La esperanza se realiza, Noemí tendrá familia, tierra y futuro.

Nacimiento de Obed (Rut 4,13-22). En Belén nace Obed, nace como fruto del rescate, nace indefenso, esta es la gran maravilla de Dios. Obed significa «el siervo», no tiene poder, es débil, pero es hijo de Boas (Fuerza), y esto muestra la fuerza de Dios en la debilidad de los pequeños, la voz de Dios en los que parecen no tener voz.

EL NUEVO
TESTAMENTO

Estudiar el Nuevo Testamento es adentrarse en un vasto universo de pensamientos, relatos y enseñanzas que no solo nos ofrecen una comprensión espiritual, sino que también nos invitan a cuestionar y transformar la realidad que vivimos. Las escrituras de este testamento no son meros relatos de tiempos lejanos, sino una llamada urgente y constante a los cristianos de todas las épocas a comprometerse con el mundo tal como es, a mirar a los demás con los ojos de la compasión y la solidaridad, y a vivir una fe que no quede atrapada en rituales vacíos, sino que se haga carne en las luchas cotidianas.

El Nuevo Testamento comienza con la historia de Jesús, un hombre que nace en circunstancias humildes, en una sociedad marcada por la opresión, la desigualdad y la pobreza. Su vida y su mensaje son un grito radical de transformación. Jesús, al caminar por los caminos de Palestina, no se limitó a predicar sobre el amor al prójimo en abstracto, sino que lo vivió de manera práctica, entrando en contacto con los más necesitados, luchando por la dignidad de los desposeídos y desafiando las estructuras de poder que perpetuaban la injusticia.

Al leer sus palabras y sus acciones, encontramos una realidad que debe comenzarse a construir aquí y ahora. Este Reino, según Jesús, es un lugar donde los últimos serán los primeros, donde los pobres, los marginados, los pecadores, los enfermos y los oprimidos son abrazados y dignificados. La justicia divina no se reduce a un castigo distante, sino que se manifiesta en una acción concreta en favor de la liberación de los que sufren.

Este mensaje de esperanza y liberación no es solo para una época concreta, sino para todos los tiempos. Al adentrarnos en los evangelios, las cartas apostólicas y los relatos de la iglesia primitiva, descubrimos un proyecto continuo de transformación que invita a cada generación a asumir el desafío de crear una sociedad más justa, más equitativa y más humana, tal como Jesús soñó.

El estudio del Nuevo Testamento nos pone en contacto con una visión que reclama que la fe se viva en los márgenes, donde la injusticia es más palpable y las desigualdades más crudas. La fe cristiana no es un refugio individualista para evadir las dificultades del mundo, sino una fuerza movilizadora para cambiarlo. Cada parábola, cada enseñanza de Jesús, cada gesto de amor y compasión, nos lleva a preguntarnos cómo estamos respondiendo nosotros, como individuos y como comunidad, ante las realidades de exclusión, pobreza y opresión que persisten en nuestra sociedad.

Jesús no solo habló de amar al prójimo, sino que lo demostró, no solo dijo que hay que perdonar, sino que perdonó hasta a sus enemigos. En sus últimas palabras en la cruz, se manifestó una entrega total, un sacrificio por el bien de la humanidad. El cristiano, por tanto, está llamado no solo a creer en estas enseñanzas, sino a vivirlas, a llevarlas a la práctica, desafiando la indiferencia y la injusticia. Jesús nos invita a ser sus seguidores no con palabras, sino con acciones concretas que promuevan la justicia, la igualdad y la paz en el mundo.

Esta llamada a la acción no es una opción para el cristiano, sino una exigencia central de la fe. Al leer el Nuevo Testamento, no podemos quedarnos en una interpretación pasiva de los textos; debemos preguntarnos cómo esas enseñanzas se traducen en nuestro contexto social, político y económico. ¿Qué significa hoy seguir a Jesús? ¿Cómo podemos, en nuestros días, luchar por la justicia, la libertad y la dignidad humana, tal como lo hizo él?

El Nuevo Testamento nos desafía a ir más allá de la espiritualidad privada y nos invita a involucrarnos activamente en la construcción de un mundo más justo. Nos llama a ser agentes de transformación en nuestras comunidades, a cuestionar las estructuras de poder que perpetúan la opresión y la desigualdad, y a luchar, como lo hizo Jesús, por un mundo donde los pobres, los marginados y los débiles sean reconocidos y dignificados

En este camino de estudio, el Nuevo Testamento no solo nos ofrece un mensaje de esperanza para el futuro, sino también una guía práctica para el presente, un manual de resistencia y lucha en medio de las dificultades del mundo. Nos invita a ser profetas de justicia, a abrazar la causa de los que sufren y a ser una luz en medio de la oscuridad. Al estudiar este testamento, no solo buscamos comprender lo que sucedió en el pasado, sino también cómo ese pasado sigue vivo hoy, desafiándonos a vivir la fe de manera auténtica y comprometida.

Por eso, al leer el Nuevo Testamento, no estamos simplemente revisando una serie de hechos históricos, sino participando en un proceso continuo de conversión, de transformación de nuestros corazones y de nuestro mundo. Es un estudio que nos compromete, que nos mueve a la acción y que nos desafía a vivir el Evangelio de manera radical, siguiendo el ejemplo de aquel que vino para dar su vida por la liberación de todos.

Jesús de Nazaret

Introducción

Antes de adentrarnos en el Nuevo Testamento quiero presentar su núcleo, imaginando por un momento estar en un lugar polvoriento, hace más de 2000 años, en las montañas y valles de Palestina. Es un tiempo en que la opresión del Imperio Romano sobre los judíos era palpable, donde la religión (judía) está llena de reglas, pero de repente, aparece alguien que viene a «romper todos los esquemas». Su nombre es Jesús de Nazaret.

Nació en un pequeño pueblo llamado Belén y se crio en Nazaret. No era un rey ni un general, no tenía riquezas ni poder terrenal, pero algo en él era diferente. ¿Qué hizo a Jesús tan especial?, tal vez la clave esté en su capacidad para ver más allá de lo visible, para mirar en lo profundo de las personas y ver su potencial.

A lo largo de los siglos, Jesús no ha sido un líder espiritual sino ¡un hombre que transformo corazones y destinos con sus palabras y obras! Jesús hablaba de una nueva rea-

lidad, una que estaba por encima de los imperios, los go-
biernos, las religiones. No venía a imponer por la fuerza,
sino por la verdad que brotaba de su ser. ¿Qué decía?,
«Amaras a tu prójimo como a ti mismo», palabras que
a primera vista suenan simples pero que al ponerlas en
práctica transforman a la persona y la sociedad.

Podemos recordar esa escena en la que dice: «Venid
a mí, todos los que estáis cansados…», estas palabras no
son solo una invitación, es una promesa de paz, una paz
que no se encuentra en el poder o el tener, sino en el amor
y el perdón.

Sus milagros fueron milagros del alma, curó corazones, transformo la vergüenza en dignidad y ofreció esperanza. Imaginemos a Jesús hablando con la mujer samaritana al lado del pozo, rompiendo todos los prejuicios
sociales y religiosos de su época, o a ese Jesús desafiando
a los maestros de la Ley.

Pero Jesús no solo vino a enseñarnos, también vino
a dar su vida por todos nosotros. Su camino a la cruz
no fue un accidente, fue un acto consciente de amor. En
lugar de escapar de la muerte, la abrazo con un propósito: liberarnos de las cadenas del egoísmo, del pecado
y de la desesperanza. Y aquí está lo asombroso, cuando
los poderosos pensaban que lo habían vencido, él Resu-
cito, triunfo sobre la muerte dejando claro un mensaje:
nada ni nadie tiene la última palabra, solo Dios y el amor.

La resurrección nos enseña que la vida no se extingue, que la esperanza nunca se apaga. Cuando afirmamos y confesamos que Jesús está vivo, estamos afirmando que él sigue actuando hoy. Jesús está vivo en la forma en que nos amamos los unos a los otros, en la lucha por la justicia, en los gestos de misericordia.

Jesús de Nazaret no fue un hombre común, fue un rompedor de barreras, un desafiante de paradigmas, un transformador del corazón humano, fue Dios hecho hombre para llevar al hombre hacia Dios.

Personalidad de Jesús

Se puede destacar:

1. *La libertad de Jesús*. Jesús se impuso como hombre libre a todos y a todo lo que puede frenar su misión (Mc 3,21; Lc 13,31-32).

2. *Obediencia radical al Padre*. Jesús es totalmente libre porque vive entregado a cumplir la voluntad de Dios. Al que llama Abba. Lo que alimenta su vida y da sentido a toda su actuación es hacer la voluntad del Padre (Jn 4,34; Mc 1,15).

3. *Cercano a los más necesitados*. Jesús no es neutral frente a la necesidad ajena. Siempre se pone de parte de los que más ayuda necesiten. Él se movía en círculos mal vistos para la sociedad de su época, se rodeó

de publicanos, ladrones, prostitutas, enfermos… (Jn 9,34; Mc 1,23-28; Lc 8,2-3).

4. *Busca la liberación del ser humano* (Mc 9,35; Lc 4,17-22; Mt 5,3-11; Jn 8,2-10).

5. *Fiel a Dios hasta la muerte* (Lc 22,3-4; Mc 15,34; Lc 23,46).

Jesús es Dios hecho hombre

1. Cercano a los niños (los indefensos, Mc 10,14).

2. Se conmueve con el llanto de la viuda (Lc 13,7).

3. Llora por su amigo Lázaro (Jn 11,33).

4. Es apasionado, polémico (Mc3,5).

5. Se estremece de alegría (Lc 10,21).

6. Siente hambre (Mt 4,2).

7. Siente sed (Jn 4,7).

Etapas en la vida de Jesús

Época oculta. La infancia de Jesús

«Vinieron unos Magos de Oriente a Jerusalén preguntando: "¿Dónde está el rey de los judíos que ha nacido? Porque hemos visto su estrella en Oriente y hemos venido a adorarle"» (Mt 2,2-3).

Jesús nace en un pesebre en Belén de Judá en los tiempos del emperador Cesar Augusto (Lc 2,1-7), nace pobre entre los pobres, los primeros que vinieron a conocerle fueron unos pastores (Lc 2,15-20).

Las autoridades quieren matarlo (Mt 2,13-23), y José tiene que huir con su familia a Egipto, tiempo después vuelven, pero no pueden quedarse en Jerusalén porque Arquelao, hijo de Herodes sigue queriendo matar al niño (Mt 2,13-23). Jesús se crio en Nazaret.

De este periodo se conocen pocas cosas o tenemos pocos datos, por eso se la conoce como «la vida oculta de Jesús».

Comienzo de la predicación en Galilea

«Después del arresto a Juan, Jesús se fue a Galilea, proclamando la Buena Noticia de Dios» (Mt 4,12).

Jesús tenía unos treinta años cuando comienza su misión apostólica pública (Lc 3,23). Cuando es bautizado por Juan en el Jordán acepta y asume su misión. Tras ser tentado en el desierto (Mt 4,1-11) está preparado para iniciar su misión. Estas tentaciones hacen referencia a las distintas posibilidades y alternativas que Jesús tenía para realizar su misión. Jesús conoce «su pueblo» y sabe la situación que vive. Una tentación puede ser la de entrar como un héroe a resolver todos los problemas (las clases dominante esperaban, y esperan, un mesías poderoso). Pero Jesús era un pobre obrero que comprendía el proyecto de Dios, es decir, que quiere hacer realidad el Reino de Dios en la tierra desde los pobres. Jesús va por el camino humilde del servicio al Reino cumpliendo siempre la voluntad del Padre. Su Reino aporta nuevas soluciones ante la situación social: en lo económico, compartir; en lo político, participar como servicio.

Jesús no realizó su misión solo, eligió un grupo como fermento de la fraternidad en la comunidad apostólica (Mt 10,1-15). Comenzó su actividad en la región de Galilea, durante esta etapa realizó muchos milagros, congregó a numerosas personas que venían a escucharlo; esto provocó envidias y surgieron conflictos por la Ley, el sábado, el ayuno... y las clases dominantes empezaron a querer su muerte (Mc 3,6; Mc 12,13).

Encrucijada de caminos

«Salió Jesús con sus discípulos hacia los pueblos de Cesarea de Filipo, y por el camino hizo esta pregunta a sus discípulos: "¿Quién dice la gente que soy yo?". Ellos le dijeron: "Unos que Juan el Bautista, otros que Elías, otros que uno de los profetas". Él entonces les pregunto: "Y vosotros, ¿quién decís que soy yo?"» (Mc 8,27-29).

Jesús se retira para hacer un alto en el camino, descubre que hay quien le sigue solo por interés sin comprender realmente su misión, y quiere cuestionar a sus apóstoles para confirmarlos en la fe, ellos creen en Él: Tú eres el Cristo, el Hijo de Dios. Durante un tiempo, Jesús se dedica a preparar intensamente a sus apóstoles y formar una comunidad (Mt 6,16-20), les habla de cosas serias y difíciles que deberán afrontar: prisión, torturas, rechazo… Pedro se escandaliza y los otros no entienden. Jesús «pone sobre la mesa» a dónde lleva su seguimiento: dejarlo todo, tomar la cruz, perder la vida… (Lc 9,23-26).

Tras el episodio de la transfiguración es confirmado en su misión, la Ley de Moisés y los profetas (Elías) avalan su camino (Mc 9,2-8). El camino de Jesús es el camino de la fraternidad, del servicio humilde y vuelve a anunciar su pasión y muerte (Mc 9,30-32; 10,32-34).

Subida a Jerusalén

«Como ya se acercaba el tiempo en que sería llevado al cielo emprendió con valor el camino a Jerusalén» (Lc 9,51).

Él sabe que su final está cerca, las relaciones y los conflictos van aumentando, le queda poco tiempo y lo quiere aprovechar intensamente: «Pero conviene que hoy, mañana y pasado siga adelante porque no cabe que un profeta perezca fuera de Jerusalén» (Lc 13,33). Esta «subida a Jerusalén» más que un camino físico es simbólico: representa este tiempo precioso del recorrido final de Jesús, las subidas son cuestas arriba, dificultosas.

En su camino atraviesa pueblos samaritanos y llama a todo el que se encuentra, pero les pone una condición:

estar dispuestos a cargar su cruz (Lc 9,57-62). Aunque muchos se han negado poniendo excusas, el Padre manda invitar a los marginados, pobres, a los excluidos (Lc 14,15-24). Subir a Jerusalén es subir a la capital, donde está el poder político y religioso.

Pasión y muerte de Jesús

«Faltaban dos días para la fiesta de la Pascua y de los Panes sin levadura. Los jefes de los sacerdotes y los maestros de la Ley andaban buscando el modo de arrestar a Jesús con engaño y darle muerte» (Mc 14,1).

Durante los días de su estancia en Jerusalén enseña al pueblo, discute con aquellos que lo acusan (Mt 22,15-229); por el día está cerca del Templo y por la noche se retira a Betania o al Huerto de los olivos para orar (Mc 11,11).

El día de la cena pascual Jesús lo pasa con sus apóstoles (Lc 22,15). Durante la cena nos deja muchas enseñanzas y recuerdos: lavatorio de pies (Jn 13,1-11), el sacramento de la eucaristía… (Mt 26,26-29), nos muestra el amor de Dios Padre que nos entrega a su hijo y el amor de Jesús que entrega su vida.

Como hombre, Jesús, siente angustia y miedo, ora pidiéndole a su Padre que le quite ese cáliz, «suda sangre»… (Lc 22,39-46).

El viernes comienza su interrogatorio y juicio. Se burlan de él, le escupen y golpean. Pedro, su gran amigo, lo niega (Lc 22,61). Herodes lo trata como un loco. Los dos delitos por los que lo acusan son: blasfemia, porque dice que es Hijo de Dios; y otro político, ser un subversivo.

Cuando Pilato ofrece amnistiar un reo, el pueblo manipulado prefiere a Barrabás (Mc 15,6-13).

Y así, Jesús es condenado a muerte y comienza su camino a la cruz. Clavado en su cruz pronuncia las siete famosas palabras:

– «Padre perdónalos porque no saben lo que hacen» (Lc 23,34).

– «Hoy estarás conmigo en el Paraíso» (Lc 23,43).

– «Mujer, ahí tu hijo, hijo ahí tu madre» (Jn 19,26-27).

– «Dios mío, Dios mío ¿por qué me has abandonado?» (Mc 15,34).

– «Todo se ha cumplido» (Jn 19,30).

– «Tengo sed» (Jn 19,28).

– «Padre en tus manos encomiendo mi espíritu» (Lc 23,46).

Jesús se aparece por primera vez a María Magdalena. Este hecho es muy significativo porque las mujeres, en el tiempo de Jesús, no podían ser testigo en un juicio según el Talmud y le dice: «¿Por qué lloras, a quién buscas?», las consuela y las envía a confirmar la noticia a los após- toles (Jn 20,11-18).

También se les aparece a los discípulos de Emaús, es- tos estaban desconcertados y habían perdido la esperanza y poco a poco los va animando, enseñando el sentido de las Escrituras (Lc 24,13-35).

Se les aparece a sus apóstoles que se habían encerrado por miedo (Lc 24,36-49), los quiere instruir y les prome- te estar siempre con ellos por medio del Espíritu Santo, y subió al cielo: «Los sacó hasta Betania y alzando sus manos los bendijo. Y mientras los bendecía, se separó de ellos y fue llevado al cielo» (Lc 24,50-52).

Jesús y el reino de Dios

Jesús habla y hace presente a Dios como padre amoroso que no hace distinciones entre sus hijos. Dios es padre y su reino es su familia, familia donde la felicidad es para todos. El anuncio del Reino es una Buena Noticia. El mensaje central es que él no se predicó a sí mismo sino el Reino, tampoco predicó a Dios sino el Reino de Dios: «Después de que apresaron a Juan, Jesús fue a la provin- cia de Galilea y empezó a proclamar la Buena Noticia de Dios. Hablaba de esta forma: "El tiempo se ha cumpli- do, el Reino de Dios está cerca. Convertíos y creed en la Buena nueva"» (Mc 1,14-15).

El texto se puede analizar así:

– *El tiempo se ha cumplido*. Cuando apresaron a Juan Bautista (Mc 1,14) llega a la conclusión de que se ha cumplido el plazo. Jesús envía a los Doce y luego a setenta y dos discípulos para comunicar al pueblo que «el Reino de Dios ha llegado» (Lc 10,9).

– *El Reino de Dios está cerca*. El pueblo judío esperaba un Mesías, pero cada grupo tenía distintas expectativas:

1. Los fariseos se imaginaban que el Reino y el Mesías llegarían cuando la Ley fuese observada perfectamente. Para este grupo es más una cuestión legal.

2. Los zelotas esperaban un «David político» que restaurase el reino de Israel y expulsase a los romanos.

3. El pueblo tenía una imagen más apocalíptica.

4. Jesús se atreve a afirmar que «el Reino ha llegado» y sus señales son: «Los ciegos ven, los cojos andan, los enfermos sanan, los sordos oyen, los muertos resucitan y la Buena Noticia llega a los pobres» (Mt 11,5-6). Utiliza numerosas parábolas y dichos para entender la misteriosa presencia del Reino.

– *Convertíos*. Jesús pide «conversión» no cumplimiento estricto de la Ley. La religión no mostraba el rostro de Dios (era excesivamente legalista), el hombre vivía por y para la Ley (Mc 2,29).

– *Creed en la Buena Nueva*. Jesús llama Buena Noticia al Reino y la entrada a él se realiza por la fe («creed»).

El modelo de comunidad que nos propone Jesús es:

– Todos hermanos. Nadie debe aceptar el título de maestro, ni de padre… pues «uno solo es el Maestro» (Mt 23,8-10).

– Igualdad entre el hombre y la mujer. Cambia la relación varón-mujer que incluso escandaliza a sus apóstoles, elimina el privilegio del varón ante la mujer (Mt 19,7-12).

– Compartir los bienes. Nadie tenía nada propio (Mt 19,27), Él no tenía donde reclinar la cabeza (Mt 8,20). Tenían una caja común que se compartía (Jn 13,29).

– Valor del servicio. «Los reyes de las naciones se sirven de ellas. Vosotros no debéis ser así» (Lc 22,25-26). «El más grande sea el servidor de los demás» (Mc 10,43).

– La oración en común (Lc 9,28; Mt 26,26-37).

LOS EVANGELIOS

Formación de los Evangelios

En griego la palabra evangelio significa Buena Noticia, a pesar de lo que muchos creen, no fue una palabra inventada por los cristianos. Mucho antes de los cristianos, lo romanos, griegos y judíos utilizaban este término para referirse a acontecimientos positivos para ellos.

¿Qué son los evangelios?

Son «relatos escritos» que conservan la Buena Noticia en forma de narración escrita. Fueron puestos por escrito en los primeros siglos del cristianismo. Cuatro fueron incorporados al canon del Nuevo Testamento, aunque también existen numerosos «evangelios» que no se consideran válidos y reciben el nombre de apócrifos (por ejemplo, el de Tomás, el de Felipe…, en total unos cincuenta). La intención de los evangelios no es la de darnos a conocer una biografía de Jesús, su intención es pastoral.

Los evangelios empezaron a escribirse cincuenta años después de la muerte de Jesús y en su composición se pueden observar tres etapas:

– *El hecho: la vida de Jesús*. El origen de los evangelios está en el mismo Jesús y en los apóstoles y discípulos que lo acompañan. Muchas de las enseñanzas y signos realizados por Jesús quedaron grabados en sus apóstoles y discípulos (el aprendizaje memorístico era muy importante en el pueblo judío).

– Jesús no solo llamo a sus discípulos para seguirle, sino que además los invito a predicar el mismo mensaje que Él anunciaba (esto suponía memorizar las enseñanzas del maestro).

– *La memoria: los recuerdos de Jesús*. Después de la muerte de Jesús y su resurrección sus apóstoles y discípulos descubrieron el sentido profundo de sus palabras y signos. Al principio, los dichos de Jesús se conservaron y transmitieron de forma aislada y sin orden. Poco después, se fueron agrupando y ordenando; a su vez los testigos directos iban contando sus experiencias con Jesús, así fueron naciendo los relatos de los milagros (Mc 5), los enfrentamientos con los poderosos (Mc 2,1-3), como los relatos de la pasión.

– *La redacción de los evangelios.* Cuando en el año 70 d.C. fue destruido el Templo de Jerusalén, el judaísmo se centró en la Ley como único instrumento para mantener la unidad del pueblo judío. Se acentuó la intolerancia hacia el grupo de seguidores del nazareno, que llevo a una ruptura (no olvidemos que los primeros cristianos seguían siendo judíos y cumplían los ritos judíos).

Los apóstoles y testigos directos habían fallecido, y se hizo urgente conservar de forma fidedigna las tradiciones recibidas. Los evangelistas reunieron y unificaron estas tradiciones y le dieron forma.

Marcos es el evangelio más antiguo; Mateo y Lucas utilizaron a Marcos como fuente principal. Por este motivo estos tres evangelios reciben el nombre de sinópticos (parecidos).

Los evangelistas

Marcos. Según Hch 12,12 se trata de Juan Marcos, que acompaño a Pablo y Bernabé en algunos viajes. Este evangelista estuvo cerca de Pablo cuando estuvo preso (Col 4,10), también aparece en Roma como ayudante de Pedro (1Pe 5,13). Su evangelio tiene 16 capítulos y fue escrito probablemente en Roma entre el 64 y el 70 d.C. Se le representa con la figura de un león, ya que el evangelio comienza en el desierto (Mc 1,4). Su mensaje central es la Cruz y pretende mostrar el mesianismo de Jesús, tiene un estilo periodístico narrando los acontecimientos de manera espontánea e inmediata.

Mateo. Su autor parece ser un escriba judío convertido al cristianismo. Tiene un gran conocimiento del Antiguo Testamento y las tradiciones judías, también muestra un dominio de la lengua y cultura griega. Según algunos biblistas y exégetas parece ser que su autoría se debe a varios rabinos y escribas cristianos desde Antioquía. El nombre de Mateo fue puesto para revestirlo de autoridad como uno de los apóstoles de Jesús. Consta de 28 capítulos y fue escrito entre el 80 y 90 d.C. Se le representa con un rostro humano ya que comienza con la genealogía de Jesús. Su tema central es el Reino, está preocupado por mostrar que Jesús es el Mesías descendiente de Abraham y David, donde se cumplen las Escrituras. Sus escritos tienen una intención catequética, ordena los elementos para ser comprendidos mejor y ser retenidos.

Lucas. El autor de este evangelio escribió también el libro de los Hechos de los Apóstoles (Hch 1,1). Parece ser que era de Antioquía y médico de profesión (Col 4,14). Se convirtió del paganismo y fue compañero de Pablo (2Tim 4,11). Escribió su evangelio entre el 80 y 90 d.C. Se le representa con un toro, ya que su evangelio empieza en el Templo, donde se realizaban los sacrificios. Su tema central es la libertad, muestra un Jesús que viene a realizar la justicia y la liberación.

Juan. Es quizás el más desconocido tanto en su autoría, como por lo elevado de su mensaje. Los autores parecen ser miembros de una escuela, presentan un lenguaje muy elevado y una tensión con el judaísmo. Pudo ser escrito en algún lugar de Palestina o de Siria después del año 90 d.C. Es el evangelio más teológico. Este evangelio es representado con un águila, por su elevado lenguaje «En el principio era el Verbo...» (Jn 1,1)

Marcos

Como he dicho anteriormente, Marcos es como un «periodista» que informa sobre la historia de un viaje en el que los protagonistas son Jesús y sus apóstoles.

Se puede analizar este viaje paso a paso:

– *Preparando el viaje* (Mc 1,1-45). Primero presenta a Jesús como el Hijo de Dios (Mc 1,1) y el Mesías esperado y anunciado por los profetas (Mc 1,2-13). A continuación, Jesús presenta su misión: «Diciendo: "El tiempo se ha cumplido, y el Reino de Dios se ha acercado; arrepentíos y creed en el evangelio"».

– *Primera etapa del camino* (Mc 1-8). Jesús comienza su misión llamando a sus apóstoles a vivir en comunidad y a participar en su misión. Pero cuando Jesús se revela como Mesías que tiene una especial predilección por los que sufren, por los pobres…, poniendo la vida por encima de la Ley, los fariseos, se rebelan contra él.

– *Segunda etapa del camino* (Mc 9-10). Jesús se manifiesta como un Mesías servidor y humilde. Los apóstoles no lo entienden, pues esperaban un Mesías poderoso y fuerte. Ante la incomprensión Jesús se pone en camino hacia Jerusalén.

– *Tercera etapa del camino* (Mc 11-13). Jesús llega a Jerusalén y su primer enfrentamiento tiene lugar en el Templo donde dice que se ha convertido en una «cueva de ladrones».

– *Cuarta etapa del camino* (Mc 14-16). En la cruz Jesús se revela como el Hijo de Dios por medio del oficial romano y después de su resurrección se encontrará con sus discípulos camino a Galilea para continuar su misión.

Mateo

Este evangelio es catequético, enseña por medio de sermones, dichos, parábolas, milagros…, y todo esto en torno al tema del Reino de Dios que se ha hecho presente por medio de Jesús.

El evangelio está muy bien ordenado formando una estructura de siete elementos (el número siete para los judíos indica perfección):

– *Introducción* (Mt 1-2). Jesús es presentado como descendiente de Abraham y David. Es el cumplimiento de la Antigua Alianza, el Mesías, el nuevo David que el pueblo esperaba cumpliendo las profecías.

– *Primera parte* (Mt 3-7). Jesús inicia su misión con el Sermón de la Montaña, anuncia el programa de sus actividades y propone una nueva Ley. En esta parte presenta lo que serán los «cimientos» del Reino de Dios.

– *Segunda parte* (Mt 8-10). Jesús forma, prepara y envía a los «misioneros» del Reino, predica en Galilea, cura a enfermos, enseña lo que implica la vocación de seguir a Jesús.

– *Tercera parte* (Mt 11-13). Por medio de parábolas, Jesús habla del Reino que se ha revelado a los humildes. Los discípulos de Juan Bautista y el pueblo se preguntan si este: «¿Es el Hijo de David?», pero el evangelista lo describe como «Siervo de Yavé».

– *Cuarta parte* (Mt 14-18). Jesús enseña que el Reino debe comenzar a construirse a partir de la comunidad unida por la nueva ley del amor y del servicio.

– *Quinta parte* (Mt 19-25). Jesús actúa como un profeta y enseña que el amor debe practicarse por medio de la misericordia y la justicia. Condena los sacrificios que se realizan en el Templo, anuncia su destrucción y critica la hipocresía de sus dirigentes.

– *Conclusión* (Mt 26,6-28). El Reino se inaugura en la Última Cena, como signo de la ley de servicio y de la entrega de sí mismo, y se realiza con la pasión, muerte y resurrección de Jesús.

De este evangelio podemos destacar:

El Sermón de la Montaña

En tiempos de Jesús mucha gente creía que si alguien era pobre, enfermo, estéril…, en definitiva, si alguien sufría, era porque Dios lo había castigado por no haber sido fiel cumplidor de la Ley. Pero Jesús anuncia que el amor de Dios es para todos sin excepción, un amor incondicional que exige una respuesta de amor a Dios y a los hermanos. Jesús declara Bienaventurados a los que se consideraban «malditos»; ellos son los principales destinatarios del Reino de Dios, que al aceptar la Buena Nueva de Jesús le seguirán hasta convertirse en el nuevo pueblo de Dios. A ellos Jesús les pide una justicia mayor que la de los maestros de la Ley y de los fariseos.

Las parábolas del Reino

Las parábolas son una comparación. El evangelio de Mateo tiene muchas más que el resto de evangelios. Encontramos algunas pequeñas y otras como cuentos, que usan imágenes de la vida diaria de la gente para dar un mensaje y provocar una reacción en los oyentes. Todo el capítulo 13 nos habla del Reino de Dios por medio de parábolas: El sembrador (Mt 13,4-9), El trigo y la cizaña (Mt 13,24-30), El grano de mostaza (Mt 13,31-32), La levadura (Mt 13,33), El tesoro escondido (Mt 13,44), Las perlas (Mt 13,45-46), La red de peces (Mt 13,47-48), El padre de familia (Mt 13,52).

Lucas

Lucas presenta a Jesús como el «salvador del mundo» (Lc 2,30-32), como el libertador de los pobres (Lc 4,18-19), como el revelador de la misericordia del Padre (Lc 15,1-32). Para ser discípulo de Jesús es necesario caminar con Jesús (Lc 9,57-62).

En este evangelio Jesús siempre va de camino. Así, podemos considerar este evangelio como la historia de un caminar que comienza en Galilea y llega a Jerusalén, pero que no termina con la muerte ya que el Resucitado continúa caminando con su comunidad.

El camino tiene seis etapas:

– *Preparación del camino* (Lc 1,5-4,13). Presentación de Juan Bautista (símbolo de la Antigua Alianza) último profeta que anuncia la llegada del Mesías (Lc 1,76-77). Nacimiento de Jesús (Lc 1-4,13). Jesús recibe el Espíritu Santo en el Bautismo y comienza su misión.

– *Actividad en Galilea* (Lc 4,16-9,50). En Galilea da a conocer su misión (Lc 4,16-30). Realiza su misión por medio de palabras y obras (Lc 6,12-8,56) y da a conocer su identidad.

– *Viaje a Jerusalén* (Lc 9,51-19,28). Es la etapa más larga del evangelio. Aquí encontramos las parábolas del amor y las actitudes que deben tener sus seguidores. La gran misión que Jesús tiene que cumplir: subir a Jerusalén.

– *Actividad en Jerusalén* (Lc 19,29-21,28). En Jerusalén Jesús denuncia las estructuras injustas, representadas en el Templo, anuncia el fin de Jerusalén.

– *Consecuencias de los enfrentamientos* (Lc 22-23). Jesús es traicionado. Celebra la Última Cena como signo de lo que pronto va a suceder, es apresado, juzgado y ejecutado.

– *Resurrección* (Lc 24). Jesús no ha muerto, resucita y se manifiesta a sus discípulos. Transforma su «camino de derrota» en un camino de esperanza. La historia de la salvación continúa en el camino de la Iglesia.

Un tema importante para Lucas es:

La opción por los pobres

Lucas nos presenta a Jesús actuando ante las desigualdades sociales. Los poderosos habían logrado manipular la religión, la Ley... para mantener su poder y presentarse ante el pueblo como justos. Jesús se presenta como el Mesías anunciado por el profeta Isaías (Lc 4,14-21; Is 42,1-9; 58,6-7) enviado a consolar a los que sufren, a liberarlos y anunciarles que el Reino de Dios es para ellos, porque Él es un Dios misericordioso. Jesús toma una opción clara por los pobres, ellos son los destinatarios preferidos del Reino de Dios.

Juan

Este evangelio es una reflexión teológica sobre la persona de Jesús. Es una respuesta a la polémica sobre la divinidad y humanidad de Jesús y ante la tentación de los cristianos de «huir del mundo».

En el evangelio de Juan los que se encuentran con Jesús (Nicodemo, la samaritana, el ciego de nacimiento...) van descubriendo su identidad, lo reconocen como Señor (Jn 4,15), profeta (Jn 4,19), Mesías (Jn 4,25) y como el Salvador (Jn 4,42). Juan descubre que Jesús es el Hijo de Dios (Jn 1,34) que estaba junto al Padre y se hizo hombre para llevar al hombre hasta Dios, Él es el camino, la verdad y la vida (Jn 14,6).

Este evangelio lo podríamos dividir en cinco partes:

– *Prólogo* (Jn 1,1-18). Se presenta a Jesús como aquel a quien anuncio Moisés y se anticipan los grandes temas que tratara el evangelio: la palabra, la vida, la luz, la verdad, el mundo.

– *Los signos* (Jn 1,19-12,50). En el evangelio de Juan solo aparecen siete milagros, a los que llama «signos», en todos ellos el tema principal es la vida; si os fijáis aparece nuevamente el número siete, que para Juan quiere decir «plenitud de vida».

– *La comunidad* (Jn 13-17). Ante su pasión, se dedica a preparar a sus apóstoles enseñándoles en que consiste ser seguidor suyo. El amor mutuo es el nuevo mandamiento.

– *Glorificación* (Jn 18-20). La pasión y la muerte no es una derrota, es el signo más grande del amor (Jn 5,13). Jesús resucita el primer día de la semana, María Magdalena cree que han robado el cuerpo, solo su apóstol Juan vio en eso el signo del cumplimiento de las Escrituras y creyó sin ver.

– *Conclusión* (Jn 21). El resucitado se aparece a sus apóstoles para describir públicamente su misión. El evangelio concluye con la confesión de Pedro y la confirmación de Jesús que le encomienda «el cuidado de su rebaño».

HECHOS DE LOS APÓSTOLES

Las primeras comunidades viven momentos de tensión y conflicto, estas novedades que surgen exigen nuevas experiencias y maneras de organización.

¿Por qué se llama «Hechos de los Apóstoles»?

Porque narra los hechos y la práctica de las primeras comunidades después de la despedida de Jesús. El libro de los Hechos acentúa las dificultades de las primeras comunidades debidas a las amenazas de los judíos y de los paganos, además de las crisis internas que empiezan a surgir.

¿Quién lo escribió?

Podríamos decir que es como la segunda parte del evangelio de Lucas. El autor, aunque anónimo, se presenta de un modo muy personal con el propósito de escribir a Teófilo. Según la tradición cristiana (finales del S.II d.C.) se reconoce a Lucas como autor, aunque no se conoce con certeza su autoría. La fecha de composición estaría entre el 80 y 85 d.C.

¿Qué tipo de relación guarda con el evangelio de Lucas?

Lo que une a estos dos libros es la Resurrección. Para las primeras comunidades lo que daba fuerza en el camino era la afirmación de que «Jesús resucitó» (Hch 1,3-4). Estas, veían en la resurrección de Jesús la realización de todas las promesas hechas por Dios al pueblo a lo largo de todo el Antiguo Testamento (Lc 24,49-53). Sin embargo, la Resurrección no significaba que la instauración inmediata del Reino estuviera sucediendo (Hch 5,42). Gracias a la Resurrección el Espíritu Santo actúa continuamente en medio de las comunidades (Hch 2,33-38; 4,31) animando a los seguidores de Jesús; por medio del anuncio, la Palabra de Dios camina en medio de la humanidad.

¿Cuál es el fin del libro?

El libro de los Hechos muestra una preocupación ya presente en el evangelio de Lucas. En su evangelio, Lucas quiere transmitir informaciones sobre todo lo sucedido con Jesús (Lc 1,3). Por ello, el objetivo es mostrar la realización de las promesas hechas al pueblo a través de la acción del Espíritu Santo, memoria viva de las comunidades. El Espíritu Santo es una presencia celebrada y vivida diariamente en las comunidades. Ambos escritos (Evangelio de Lucas y Hechos) quieren mostrar que Jesús continúa actuando por medio del Espíritu Santo, y que este Espíritu es el mismo de Jesús Resucitado.

El libro de Hechos también nos recuerda la labor misionera de los Apóstoles, principalmente Pedro y Pablo, que de la mano del Espíritu Santo anuncian el Evangelio desde Jerusalén a Roma.

¿De qué habla?

Es una lectura teológica de la historia de las primeras comunidades, no es una historia escrita de las primeras comunidades. Algunos apóstoles como Pedro y Pablo están más destacados. Esta reflexión teológica abarca los treinta primeros años de la vida de las primeras comunidades, se extiende desde la desaparición de Jerusalén hasta la llegada de Pablo a Roma (60 d.C., aproximadamente: Hch 28,29-31). El testimonio de Pablo en Roma confirma de alguna manera, que la Palabra llegó «a los confines del mundo» (Hch 1,8).

¿Durante estos primeros años después de la muerte de Jesús qué problemas surgieron?

Cuando surge el libro de los Hechos y el Evangelio de Lucas nos encontramos hacia los años 80-90 d.C. Los apóstoles (testigos directos) habían muerto, las persecuciones están a la orden del día, y empiezan también las tensiones internas.

Las primeras comunidades

El libro de Hechos es como un caminar, unas veces llano, otras veces cuesta arriba. Es el avance que el Mensaje de Jesús (Buena Noticia) hace durante los primeros años, un camino que empieza en Jerusalén y pasa por Samaria, Asia Menor, Grecia y llega a Roma, capital del Imperio. En este caminar se vivieron momentos muy difíciles y duros como las persecuciones y las crisis internas; pero a pesar de todo siempre se sintieron acompañados por la fuerza del Espíritu Santo que los impulsó a seguir caminando y no desfallecer.

Este libro nos enseña que en todo «camino» siempre nos encontraremos con problemas, internos y externos, que sin duda nos afectarán e incluso nos inmovilizarán, pero Jesús siempre estará con nosotros para levantarnos y empujarnos a seguir adelante.

¿Cómo cambió el Espíritu Santo a las primeras comunidades?:

— Antes eran tímidos (Jn 20,19), ahora abren las puertas y se enfrentan a la multitud (Hch 2,14).

— Antes vivían aceptando la decisión de los poderes que asesinaron a Jesús (Lc 24,20), ahora afirman que «debemos obedecer a Dios antes que a los hombres» (Hch 5,29).

– Pedro negó a Jesús (Lc 22,56-57), ahora da un testimonio valiente (Hch 2,22).

PABLO DE TARSO

Cronológicamente hablando, Pablo es el primer escritor del Nuevo Testamento. Su primer escrito (1Tesalonicenses) data del año 51 d.C. En sus cartas encontramos, además de doctrina y teología, datos de la vida y de las comunidades.

Contexto histórico

La actividad misionera de Pablo se desarrolló dentro de los límites del Imperio romano.

Roma es el imperio que domina en tiempos de Pablo, se hizo presente en el mundo del Antiguo Oriente a partir de las guerras púnicas (264-241 y 218-202 a.C.). Para administrar mejor los nuevos pueblos conquistados crearon el sistema de provincias. De esta manera, poco a poco, fueron dominando los territorios que estaban en las riberas del mar Mediterráneo. Desde el 133 a.C. conquistaron Macedonia, Asia Menor, Egipto… En el año 64 a.C. Pompeyo depuso a Filipo II, último descendiente de los seléucidas, y conquisto Siria convirtiéndola en provincia romana, y un año más tarde, el mismo general sometía Palestina y la anexiono a Siria. En el año 31 a.C. anexionan también a Egipto, gracias al general Octaviano.

Palestina estaba gobernada por Herodes el Grande (37 a.C.- 4 d.C.), a su muerte se divide el reino entre sus tres hijos: Arquelao (Judea, Samaria e Idumea), Herodes Antipas (Galilea y Perea) y Filipo (Iturea y Traconítide). Por problemas y ambiciones, en el año 6 a.C. los romanos deponen a Arquelao poniendo al frente de este territorio a gobernadores romanos. Herodes Agripa logró huir y gobernar los territorios de su abuelo, pero tras su muerte volvieron los gobernadores; después de la primera guerra judía (66 – 70 d.C.) el poder pasó a Roma definitivamente.

Situación social

Como todo Imperio, Roma estaba organizada de forma piramidal, con el Emperador en el vértice. Los emperadores en la época de Pablo fueron: Cesar Augusto (31 a.C. - 14 d.C.); Tiberio (14 - 17 d.C.); Calígula (37 - 41 d.C.); Claudio (41 - 44 d.C.) y Nerón (54 - 68 d.C.). Después del emperador venían tres clases de habitantes: los ciudadanos romanos, formados por la clase senatorial (latifundistas), clase ecuestre (Équites. Eran los nuevos funcionarios ricos) y la plebe (artesanos, comerciantes…).

Además, estaban los hombres libres y los esclavos (casi el 50% de la población).

Límites del Imperio romano

Cuando muere Cesar Augusto la expansión del impero había llegado a su fin. El continente europeo comprendía: hacia el oeste lo que hoy es España y Portugal; al noroeste las Galias (Francia y parte de Alemania); al norte solo pudieron llegar hasta los ríos Rin y Danubio. En el continente asiático: hacia el norte Siria (incluido el Mar Negro) con su frontera hasta el río Éufrates; hacia el suroeste Palestina, y hacia el sur Egipto y Cirenaica.

El territorio llegó a ser inmenso gracias a su gran potencial militar.

Situación del pueblo

En un imperio son los débiles los que más sufren, y los esclavos los que cargan con el peso económico (recordemos que es una sociedad agrícola). El Nuevo Testamento está lleno de textos de cómo era la sociedad palestina: terratenientes que arrendaban sus campos a cambio de una parte de la cosecha (Mc 12,1-12), jornaleros que se reúnen en la plaza esperando ser contratados (Mt 20,1-16), recaudadores de impuestos (Mc 2,13-14), mendigos (Mc 10,46-42)…

Comunidades de Pablo

Las cartas paulinas son un instrumento valioso que nos permite conocer mejor la vida de Pablo y sus comunidades. En el Nuevo Testamento tenemos trece cartas que se atribuyen a Pablo, pero es necesario distinguir dos grandes grupos: uno considerado cartas propias (o auténticas) y otras deuteropaulinas.

Las cartas que se consideran propias de Pablo son: 1Tesalonicenses (51 d.C.), Gálatas (55 d.C.), Filipenses (56 d.C.), 1 y 2 Corintios (56 - 57 d.C.), Romanos (57 - 58 d.C.) y Filemón (63 d.C.).

Cartas deuteropaulinas: Colosenses (80 d.C.), 2Tesalonicenses (80 d.C.), Efesios (60 - 62 d.C.), 1 y 2 Timoteo (100 d.C.) y Tito (100 d.C.).

Viaje y Carta a Tesalónica (Hch 17, 1-9)

Tesalónica (hoy Salónica) es la segunda ciudad griega más importante. Su situación es estratégica, ya que se desarrolló en las riberas del mar Egeo, al fondo del golfo de Termas; y junto con la «vía Ignatia» una de las principales calzadas que llega desde Roma hasta Dirrachium, en la costa oriental del Adriático y se une con el punto final de la «vía Apia» en Brindisi, la misma que por el oriente se prolonga hasta Neápolis cerca de Helesponto. En el 168 a.C. cuando los romanos se apoderaron de Tesalónica pasó a ser la capital de una de las cuatro regiones en que se dividió el, hasta entonces, reino de Macedonia.

En tiempos de Pablo su puerto es parada obligatoria para comerciantes. Tesalónica fue fundada en el 315 a.C. por Casandro, general de Alejandro Magno. El nombre de la ciudad está tomado de la esposa del fundador; en ella convergían toda clase de razas y religiones, los judíos tenían una floreciente colonia y tenían su propia sinagoga.

Por apoyar a Roma en la batalla de Filipos (42 a.C.) fue declarada ciudad y puerto libre, por lo que tenía algunos privilegios.

Esta comunidad fue fundada durante el segundo viaje de Pablo, probablemente el invierno de los años 49 - 50 d.C. Inicia su predicación entre los judíos, pero al no ser escuchado funda la comunidad entre los paganos. En la casa de Jasón se empiezan a celebrar las primeras reuniones. Aunque fue muy corto el tiempo de evangelización, surgió una comunidad organizada y fuerte (1Tes 2,10). Sus miembros eran fraternales (1Tes 4,9-10), por eso Pablo los elogia; pero como toda realidad humana pronto surgen problemas y dificultades y Pablo envía a Timoteo para ayudarles. Cuando Timoteo regresa trae buenas noticias que alegran a Pablo, pero a su vez le comunica que los judíos lo están desacreditando y algunos miembros siguen con prácticas idolátricas paganas.

Los miembros de esta comunidad tenían serias dudas y se preguntaban: ¿Qué va a ser de los hermanos que han muerto antes de la segunda venida? Y, ¿cuándo tendrá lugar esa venida? Como Pablo no puede visitarles (1 Tes 2,17-18; 3,1-2) les escribe una carta desde Corinto en el verano del 50 o 51.

No existen dudas sobre la autoría de esta carta, es el escrito más antiguo del Nuevo Testamento. Se trata de una carta pastoral, refleja los primeros pasos de Pablo como escritor cristiano; más que profundidades teológicas trata de modo afectuoso a sus destinatarios, les envía palabras de reconocimiento, aliento y consuelo. Además del saludo (1 Tes 1,1) y de la despedida (1 Tes 5,23-28), la carta tiene dos partes diferenciadas: en la primera parte (1 Tes 1,2-3,13) el hilo conductor es la acción de gracias; y en la segunda (1 Tes 4,1-5,22) se da una exhortación (instrucciones, recomendaciones…). En la escritura de esta carta quizás le ayudan como secretarios Silas y Timoteo.

Carta a los Gálatas (Hch 16,6; 18,23)

Galacia no es una ciudad en concreto, son varios pueblos de origen céltico emparentados con las tribus de la antigua Galacia (hoy Francia). Cuando Pablo les escribe se refiere a las «Iglesias de Galacia» (Gal 1,1) que procedentes de Europa, se instalaron en el centro de Asia Menor. Fueron conquistadas por los romanos en el 189 a.C., creándose la provincia romana de Galacia. La región es una amplia franja que va de norte a sur. En el sur se desarrollaron ciudades como: Pisidia, Iconio, Listra y Derbe, que fueron evangelizadas por Pablo. Del norte se sabe poco, pero es a estas comunidades a las que va dirigida la carta.

Galacia fue evangelizada por Pablo en su segundo viaje (año 55), viajó con Silas y por motivos de salud permaneció allí un largo periodo (Gal 4,12). Durante el tercer viaje también las visitó para confirmarlas en la fe y animarlas. Estando en Éfeso le llegan noticias de que las comunidades de Galacia están en graves problemas, existen confusiones y dudas que surgieron a raíz de la visita de unos predicadores procedentes de Jerusalén que desacreditan a Pablo y ponen en entredicho el Evangelio predicado. Estos predicadores querían imponer la Ley de Moisés a todos los cristianos, querían imponer la circuncisión (Gal 1,7), y Pablo les escribe para animarlos y aclarar lo que él les ha expuesto.

En cuanto a la autoría, no hay duda que es de Pablo. Es una carta directa y muy personal; estaba en juego la esencia del cristianismo, y les interpela: o existe una auténtica fidelidad a Cristo o el cristianismo sería una «secta judía». Para defender el Evangelio utiliza referencias históricas, interpelaciones, experiencias personales, citas de las Escrituras, y hasta insultos. La intención de la carta es defender la fe de la comunidad. La carta la podríamos dividir en tres partes: histórico-apologética (Gal 1-2); doctrinal (Gal 3-4) y exhortativa (Gal 5-6).

En la carta aparecen argumentos teológico-doctrinales por los que los hombres pasamos de esclavos a la libertad de los Hijos de Dios.

Carta a los Filipenses (Hch 16,11-40)

Filipos es una antigua ciudad griega fundada a mediados del siglo IV a.C. por Filipo II, de ahí su nombre. Está ubicada al norte de Grecia y del mar Egeo, por ella pasa la «vía Ignacia» que unía Italia con Asia Menor. En Filipos vivían pocos judíos, por lo que no tenían sinagoga y se reunían junto al río Gangites (Hch 16,13).

Pablo evangelizó Filipos durante su segundo viaje entre los años 50 y 51. Llegó acompañado de Silas, Timoteo (Hch 16,1-3) y Lucas (Hch 16,11). La comunidad de Filipos nace en torno a Lidia (Hch 16,14); se trata de una comunidad muy querida por Pablo (Flp 4,1).

Pablo escribió la carta a los Filipenses, probablemente, cuando estuvo preso en Éfeso (Flp 1,13-14) por el año 56. Los motivos para escribirles son: el agradecimiento por su generosidad (Flp 1,3-5), informarles sobre la salud de Epafrodito (Flp 2,25-27), avisarles sobre el viaje y posible visita de Timoteo (Flp 2,19-24), exhortarles y animarlos por la presencia de judaizantes (Flp 1,27; 2,18; 3,1-3).

Carta a los Corintios (Hch 18,1-11)

Corinto era una de las principales colonias romanas. En el año 27 a.C., en tiempos de Octavio Augusto, se convierte en la capital de la provincia de Acaya. Está estratégicamente situada entre dos puertos (Egeo y Adriático). Al ser una ciudad comercial había grandes ricos, pero también mucha desigualdad social. La colonia judía era muy numerosa.

Tras haber fracasado en la evangelización de Atenas, Pablo llega Corinto (1Cor 1,2-3), esta comunidad fue fundada en su segundo viaje (años 50 o 51) y permaneció en ella más de un año. Estaba formada por hermanos pudientes, pero también un gran número de esclavos y libertos (Cor 1,26). Parece ser que Pablo escribió cuatro cartas a esta comunidad: la primera se perdió (1Cor 5,9-11), la segunda es la que conocemos como 1 Corintios y la tercera y cuarta se encuentran fundidas en lo que hoy conocemos como 2 Corintios.

La 1 Corintios la escribió Pablo desde Éfeso (56/57) y la 2 Corintios fue escrita desde Macedonia a finales de 57, les escribió para exhortarles y animarlos.

La 1 Corintios se divide en: saludo y acción de gracias (1Cor 1,1-9); divisiones (1Cor 1,10-4,21); desordenes (1Cor 5,1-6,20); problemas concretos (1Cor 7,1-11,1); desórdenes en las asambleas (1Cor 11,2-14,40); sobre la Resurrección (1Cor 15,1-58) y conclusión (1Cor 16,1-24).

La 2 Corintios: saludo y acción de gracias (2Cor 1,1-11); sobre el apostolado (2Cor 1,12-7,16); sobre la colecta (2Cor 8,1-9,15); autodefensa de Pablo (2Cor 10,1-12,21) y conclusión (2Cor 13,1-13).

Carta a los Romanos (Hch 28,14-31)

Roma era la capital del impero, y por tanto centro del poder político-económico. Una tercera parte de la población eran esclavos, existía una gran comunidad judía que tenían una gran influencia y una sinagoga. Los judíos fueron expulsados en el año 49 por el emperador Claudio, por eso Priscila y Aquila llegaron a Corinto y conocieron a Pablo.

La comunidad de Roma no fue fundada por Pablo, fueron los judeocristianos los que llevaron el evangelio, después de la expulsión solo quedaron en Roma los cristianos no judíos; la carta parece que va dirigida a este grupo.

Pablo había evangelizado toda la zona del mediterráneo oriental (Rom 15,19) hacia el año 57, pero se platea visitar el otro margen del mediterráneo (Italia y España, Rom 15,22-24; 28-29). De alguna manera, esta carta es la presentación de su persona y del Evangelio.

Fue escrita desde Corinto hacia los años 57/58 y enviada a comunidades que Pablo no había visitado, solo tiene informaciones de ellos por Priscila y Aquila. Uno de los motivos de escribirles es preparar su próxima visita (Rom 1,11-15), toma como secretario a Tercio (Rom 16,22). Usa un tono vivo, enérgico; es un escrito teológico muy bien elaborado; su tema central es resaltar el pecado para poner de relieve la fuerza liberadora de Dios a través de Jesucristo y su Espíritu, proceso de liberación que está marcado por una dimensión trinitaria, sacramental y escatológica.

La carta podemos dividirla en: introducción (Rom 1,1-15); sección doctrinal (Rom 1,16-11,36); exhortación (Rom 12,1-15,13) y conclusión (Rom 15,14-16,27).

Carta a Filemón (Gal 3,26-29)

Filemón era de Coloso, ciudad situada al este de Éfeso. Socialmente Roma estaba dividida en clases sociales y sustentadas en el modo esclavista de producción. Existe una pérdida de valores y una búsqueda de sentido en la religión, sobre todo entre los pobres y los esclavos.

Filemón es un hombre rico, patrón de Onésimo; aunque los dos pertenecen a la misma comunidad cristiana, las relaciones amo-esclavo se siguen dando. Algo grave debió pasar pues Onésimo tuvo que huir y se fue con Pablo.

La carta está escrita con delicadeza para que Filemón tome por sí solo la solución. Esta carta fue probablemente escrita desde la prisión de Éfeso (año 56/57). El tema central es la esclavitud tan «normalmente» vivida según la lógica del Imperio, pero tan contraria al plan de Dios, para quien todos somos hijos libres.

La carta se estructura en: saludo (Film 1,1-3); acción de gracias (Film 4-7); intervención de Pablo (Film 8-20) y conclusión (Film 21-25).

APOCALIPSIS:
LIBRO DE ESPERANZA Y FELICIDAD

Este libro nos habla de siete bienaventuranzas:

- – ¡Feliz el que lee y escucha este libro profético!
- – ¡Felices los que mueren en el Señor!
- – ¡Feliz el que está preparado y realiza buenas obras!
- – ¡Felices los invitados a las bodas!
- – ¡Felices los que participan en la primera Resurrección! ¡Felices los mártires!
- – ¡Felices los que hacen caso a las palabras proféticas!
- – ¡Felices los que se arrepienten!

¿Quién es el autor?

El autor se llama a sí mismo Juan, hermano y compañero en la persecución (Ap 1,9). El nombre de Juan aparece cuatro veces en la introducción y una en la conclusión. Este Juan, probablemente, no es el autor del cuarto evangelio, pero conoce muy de cerca las comunidades a las que escribe, es compañero en los sufrimientos que pasan y por eso sus palabras de ánimo tienen autoridad.

¿Cuándo se escribió?

Se terminó de escribir cerca del año 100, y fue escrito en tres momentos: el primer momento se sitúa entre los años 64 al 68; el emperador Nerón acusa del incendio de Roma a los cristianos y desata su persecución. A esto se suma la caída de Jerusalén; estos dos hechos generan crisis y desaliento en las comunidades, Juan les escribe unas palabras de aliento.

El segundo momento se sitúa hacia el año 90, cuando el emperador Domiciano volvió a perseguir a las comunidades cristianas y Juan vuelve a escribirles dándoles esperanza y anunciando que el fin del Impero está cerca.

Tercer momento entre los años 95 y 100.

¿Dónde fue escrito?

El propio autor nos dice que estaba desterrado en la isla de Patmos (Ap 1,9). Estaba prisionero por causas del Evangelio, sufría las consecuencias de la persecución, y desde esa realidad escribe sus «visiones» de aliento y ánimo.

Juan tiene también como referente a la hora de escribir su libro a todo el Imperio Romano, pues las comunidades cristianas, por su afán evangelizador y por algunas persecuciones de los judíos se habían dispersado o extendido por muchísimos lugares del Imperio.

¿A quién va dirigido?

En primera instancia, el Apocalipsis, está dirigido a las siete comunidades de Asia Menor: Éfeso, Esmirna, Pérgamo, Tiatira, Sardes, Filadelfia y Laodicea. Pero su mensaje se extiende a todas las pequeñas comunidades cristianas que sufrían el rechazo y la exclusión por los poderes del Imperio; eran pequeñas comunidades que resistían con valor a ese rechazo, pero se les estaba agotando su fuerza y necesitaban palabras de aliento y esperanza.

¿Cuál es el mensaje central?

Quiere renovar las fuerzas de nuestra fe:

– Fe en Jesús victorioso, muerto y resucitado. Lo presenta como el Hijo del Hombre, Cordero sacrificado, pero de pie.

– Fe en Dios quien en el pasado actúo en favor del pueblo, en el presente sigue actuando y en el futuro lo seguirá haciendo; porque Dios es el que era, es y será.

– Fe en que el triunfo del Imperio no es para siempre, porque solo Dios es para siempre, y al Imperio le espera el juicio de Dios.

– Fe en el futuro que será una nueva creación sin la presencia del mal.

El Apocalipsis en clave simbólica

El autor escribió usando símbolos que expresaban una realidad más profunda. A los destinatarios de la época, seguramente les llegó un mensaje claro, pues estaban empapados de lo que cada símbolo significaba (colores, números...). El problema es para nosotros, que debemos conocer el sentido de esos símbolos para hacer una lectura más clara y profunda.

¿Qué son las «visiones»?

Todo el Apocalipsis es una visión simbólica. La palabra visión aparece 54 veces; las visiones y símbolos son para facilitar y aclarar el mensaje. La visión es una forma de expresar una profunda experiencia de fe, tienen la misión de impresionar los sentidos y alumbran el entendimiento, reavivan la memoria del pasado para transformar los ideales pasados en esperanza presente, que se confirma en el futuro.

Las visiones del Apocalipsis usan un lenguaje radical: por un lado, el Dragón y la Bestia (Ap 13,1-18); por otro el Cordero y su ejército (Ap 14,1-5); Roma es la gran prostituta (Ap 17,1-18); Jerusalén es la novia del Cordero (Ap 21,1-22,5). El autor sabe que en la vida real las cosas no son así, que el bien y el mal se dan mezclados (Ap 2,1-3,22), sabe que en el Imperio también hay gente buena.

¿Qué es un símbolo?

Antiguamente, cuando dos personas adquirían un compromiso no firmaban un documento, sino que tomaban algún objeto y lo partían, cada una se llevaba una parte que, por sí sola no tenía valor, pero que al juntarlas recordaban que esas personas tenían un compromiso. A cada una de esas partes se le llamaba «símbolo». Dicho con otras palabras, el símbolo era una señal de identificación, una contraseña que permitía identificar a las personas en un futuro reencuentro, esto garantizaba la legitimidad del pacto. El símbolo relaciona dos partes distintas que tienen una relación entre sí.

El símbolo, bien entendido, nos abre los caminos ocultos de la Historia; es sobre todo una imagen para ser contemplada y después dar el salto de la imagen al significado, de lo que se ve a lo oculto.

Significado de los símbolos del Apocalipsis

– *El Hijo del Hombre* (Ap 1,12-16). El Hijo del Hombre se refiere al Mesías, a Jesús que está en medio de los siete candeleros, que son su Iglesia. Jesús tiende su mano y protege a todos los responsables de sus comunidades y a esas comunidades.

– *Las siete estrellas* (Ap 2-3). Son los siete ángeles de las comunidades, todos los que cuidan de la Iglesia.

Jesús está presente en la Iglesia, conoce todo lo que sucede y evalúa lo positivo y negativo (Ap 2,1-7).

– *El trono de Dios* (Ap 4,1-11). La visión del trono enmarca todo el Apocalipsis. Desde el comienzo, al presentarnos al remitente, hasta la plenitud final. La palabra «trono» aparece 40 veces; el trono está en los cielos, encima y sobre la tierra. Es el lugar y sede de Dios que revela su presencia y grandeza, como dueño y Señor de la Historia. Desde el trono, Dios genera la acción liberadora de los pueblos. Ahí se celebra el juicio del mundo y la gran liturgia de la victoria. La imagen del trono está tomada del Antiguo Testamento, la usan los profetas Isaías (Is 6,1) y Ezequiel (Ez 1,26-28).

– *El libro y el Cordero* (Ap 5,6-12). El libro representa la Historia, la vida; está cerrado con siete sellos y significa que no comprendemos su sentido. El Cordero es el siervo de Dios y Señor de la Historia, que abre los candados y nos revela el sentido de la vida y la Historia. Es un Cordero degollado, pero de pie; es Jesús muerto y resucitado.

– *Los cuatro jinetes* (Ap 6,1-8). Los caballos representan el poder de Dios. Cada jinete representa una experiencia de las comunidades: caballo blanco y jinete con arco, representa a Jesús vencedor de la muerte. Caballo negro y jinete con balanza, es el comercio del hombre. Caballo rojo y jinete con espada, representa la violencia y la guerra. Caballo verde y jinete con calavera, representa la peste y las enfermedades.

– *Los degollados por la palabra* (Ap 6,9-11). Es la realidad que están viviendo las comunidades: persecución, martirio…

– *Los 144.000 señalados* (Ap 6,12-7,17). Esta cifra señala los que se van a salvar. Es un número completo, la totalidad del pueblo: 12x12x1000 = 144.000. La totalidad de las 12 tribus y los 12 apóstoles de la Iglesia. El número 1000, es un número muy grande, completo, es el tiempo de Cristo. Es un censo al realizar el «nuevo éxodo». En el ejército del Cordero son contados para luchar contra el mal. Llevan el nombre de Dios, su sello y su marca, porque son de Él y porque Dios les ha revelado su nombre, y se ha puesto al lado de su pueblo en el caminar de la Historia. En la noche de Pascua se marcan las casas para reconocerse (Ex 12,7-14); el nombre de Dios protege a su pueblo (Sof 3,12-13).

– *Los siete ángeles* (Ap 8,1-11,15). Ángel significa «enviado». En la Biblia cuando se presenta algún ángel es para que se busque y descubra el mensaje que Dios envía; importa más el mensaje que los mensajeros. En el libro del Apocalipsis se habla mucho de los «mensajeros», unas 67 veces; su labor es transmitir el mensaje de Dios y ejecutar sus órdenes. Pueden representar a Cristo (Ap 1,1; 10,1) o las fuerzas históricas y naturales (Ap 5,11ss). No se debe adorar a los ángeles, pues son intermediarios, solo se debe adorar a Dios (Ap 19,1; 2,8-9).

– *El libro dulce y amargo* (Ap 10,1-11). Este símbolo representa el Evangelio de Jesús que debemos aceptar y predicar (Ap 10,11). En el Apocalipsis se habla de otros tres libros: El libro de la vida y de la Historia que entrega Dios al Cordero; solo Él lo puede abrir y entender (Ap 5,1ss). El libro de las obras personales, que son nuestras vidas (Ap 20,12). El libro profético, representa el Apocalipsis, que debemos escuchar y practicar (Ap 1,3; 22,18-19).

– *Los dos testigos* (Ap 11,1-13). Representan a Moisés y Elías, que aseguran su presencia diaria en esta emergencia que viven las comunidades. Anuncian el juicio que señalan las Escrituras (Mal 3,22-23). También representan a Pedro y Pablo, martirizados.

– *La mujer y la serpiente* (Ap 12,1-28). La mujer simboliza a la humanidad, es la nueva Eva que coopera en los planes de Dios; también simboliza a la Iglesia perseguida que se alimenta de Dios; y es también María que da a luz a Jesús. La mujer simboliza todo aquello que hacemos y también las grandes luchas diarias. El dragón es la antigua serpiente (Ap 12,9) que ha «crecido» hasta convertirse en un dragón; simboliza el poder del mal, la muerte, el poder... que impiden la vida. En aquella época la institución que encarnaba el mal, según las comunidades del Apocalipsis, era el Imperio Romano.

– *El Cordero y la Bestia* (Ap 13,1-14,15). El símbolo del Cordero representa principalmente a Jesús (28 veces); es un Cordero fuerte y victorioso, Señor de la Historia. Dirige el combate contra la serpiente y la Bestia, y libera al pueblo. Invita a los hombres a seguirle (Ap 14,4) hasta el día de sus bodas (Ap 19,7). En la fiesta pascual se ofrecerá como sacrificio de expiación y memorial de liberación (Ex 12,21-27). La Bestia es el Imperio Romano, su número es el 666 (Sumando las letras hebreas de CéSaR y NeRoN dan 666). La Bestia está al servicio del mal, está aliada a una «segunda bestia» (los falsos profetas).

– *El Hijo del Hombre con la hoz* (Ap 14,14-20). Representa a Jesús que viene a juzgar y a poner fin al sufrimiento. Las comunidades cristianas se sienten alentadas y seguras al ver que el juez es, nada más y nada menos, que Jesús Nazareno, resucitado y presente en la vida de la comunidad. Esta visión está tomada del libro de Daniel (Dn 7,13-14): uno como Hijo del

Hombre que vino de las nubes del cielo y recibió todo el poder y un reino que jamás será destruido.

– *Las siete copas* (Ap 15,7-16,21). Simboliza las siete plagas contra el Imperio. Dios da un ultimátum para la conversión, pero la mayoría lo rechaza. Las siete copas son, por así decirlo, una versión revisada de las siete plagas de Egipto, con las que Dios libero a su pueblo de la esclavitud y el sufrimiento.

– *La prostituta* (Ap 17,1-8). El mismo autor nos explica que la Bestia es el Imperio de Roma y la prostituta es su capital, Roma. Esta ciudad vivía de la explotación, por eso es una bestia roja por la sangre que derrama, su «dios» el placer, el poder... El lujo de los poderosos es la causa del sufrimiento de las mayorías pobres.

– *La caída de Babilonia* (Ap 18,1-19,11). Babilonia es la gran ciudad de Roma, la capital del Imperio. Se anuncia su caída con cantos y gritos de los mártires. Es el juicio de Dios a la ciudad causante de todos los males. Al hacer justicia, Dios se ha colocado al lado de los perseguidos por su fe; los pobres tienen la certeza de que es posible la esperanza en un mundo más justo y fraterno. El juicio de Dios ya ha comenzado en nuestras vidas, pero concluirá con la llegada final de Jesús.

– *El jinete y la serpiente* (Ap 19,11-20,15). El jinete del caballo blanco es Jesús que ejecuta la sentencia del juicio castigando a la Bestia, que es el Imperio Romano con todos sus seguidores (Ap 19,20). Después Jesús encadena al diablo para siempre (Ap 20,10). Terminado el juicio la muerte es vencida (Ap 20,14).

– *El árbol de la vida* (Ap 21,1-22,5). Simboliza el cielo nuevo y la tierra nueva. La plenitud del futuro será una novedad total, pero enraizada en el tiempo pasado y cultivada en el presente. La semilla y los frutos son don de Dios y tarea de la humanidad.

Todo brota de nuevo:

- Nueva creación (Ap 21,1).
- Nuevo paraíso (Ap 22,1-2).
- Nueva alianza (Ap 21,3-7).
- Nueva organización (Ap 21,12-21).
- Nuevo pueblo (Ap 21,2).
- Nuevo sentido (Ap 21,22).

Recomendaciones: Ap 22,6-21. Las palabras de Juan a las comunidades son fruto de la reflexión de los signos realizados a la luz de la fe en Jesucristo. Es el mismo Jesús quien avala las palabras dichas por Juan y las confirma.

Los colores en el Apocalipsis

Los colores que aparecen en el libro tienen también un valor simbólico:

- Rojo, significa violencia.
- Negro, significa algo negativo.
- Verde, significa la peste.
- Púrpura, significa majestuosidad.
- Blanco, significa victoria, pureza.

Los números en el Apocalipsis
(Ap 4,5; 5,6; 7,4; 21,13-14)

- Tres. Participa del número siete. La mitad de siete simboliza imperfección.
- Cuatro. Simboliza creación, universalidad.
- Seis. Es siete menos uno, simboliza imperfección.
- Siete. Simboliza perfección, plenitud.
- Diez. Número completo, pero limitado.
- Doce. Pueblo de Dios
- Veinticuatro. Dos veces doce, es el pueblo de Dios (12 tribus, 12 apóstoles)
- 666. Tres veces siete menos uno, imperfección.
- 1.000. Multitud, número incontable.
- 144.000. (12x12x1000). Simboliza un número infinito y completo de los miembros del nuevo pueblo de Dios.

Cuernos *(Ap 5,6; 12,3; 13,1; 13,11; 17,12)*
y Trompetas *(Ap 8,2-6; 11,15; 18,22)*

Tanto el Cordero, como la Bestia tienen siete cuernos; el cuerno es símbolo de poder entre los pastores (Dn 7,11-12). Las trompetas son medios para ordenar el inicio del combate o para celebrar fiestas. Los ángeles (mensajeros) de Dios traen un mensaje de revelación, por eso van tocando las trompetas en su lucha de liberación (Ap 8,2-11). Las trompetas también alertan en la lucha en su peregrinar por el desierto (Num 10,9) y en la conquista de la tierra prometida (Jos 6,4-9).

EPÍLOGO

A lo largo de este pequeño recorrido por algunos de los libros sagrados, hemos descubierto cómo la Biblia no solo es un compendio de enseñanzas espirituales, sino también un manifiesto de resistencia, esperanza y liberación para los oprimidos. En sus páginas resuenan las voces de los marginados, de los pueblos que luchan por la justicia y de los pobres que, contra toda adversidad, encuentran en Dios su refugio y fuerza.

Cada libro que hemos explorado refleja, a su manera, una profunda inquietud por la condición humana, no solo en su relación con lo divino, sino también en su interacción con el sufrimiento, la injusticia y la opresión social. Desde la historia del éxodo, que nos habla de la liberación de un pueblo esclavo, hasta los salmos de lucha y resistencia, pasando por los profetas que se alzan en defensa de los más vulnerables, la Biblia se muestra como un texto profundamente político, social y profundamente humano.

El creyente, al interpretar estos textos, no puede sino ver en ellos una llamada continua hacia la acción. La salvación que se predica no es solo un asunto personal y espiritual, sino una transformación radical del orden injusto de las sociedades humanas. La liberación no solo nos llama a la fe en Dios, sino a la lucha por un mundo más justo, donde la dignidad de cada ser humano sea respetada y promovida.

Hoy, más que nunca, la palabra de la Biblia sigue siendo fuente de inspiración para los que luchan por los derechos humanos, por los que sueñan con una sociedad más equitativa, por los que se niegan a aceptar la opresión como algo natural. Es una invitación a mirar el mundo con ojos nuevos, a salir de nuestras zonas de confort y a comprometernos con los que sufren, los que luchan, los que resisten.

La fe que profesamos debe movernos a la acción, a la justicia, y a la liberación de todos los que aún viven bajo el yugo de la pobreza, la discriminación y la violencia. La Biblia no nos ofrece respuestas fáciles, pero sí nos entrega el desafío de caminar, como pueblo, hacia la liberación total. Ese es el eco profundo de sus páginas: la liberación que es tanto espiritual como social, la salvación que es para todos, especialmente para los que más lo necesitan.

Así, al cerrar este libro, que esta reflexión nos impulse a continuar el viaje de la fe con un compromiso renovado con la justicia, la paz y la dignidad humana. Que nunca olvidemos que la verdadera liberación no es un destino lejano, sino una tarea diaria, que se construye con amor, valentía y solidaridad.

BIBLIOGRAFÍA UTILIZADA
Y PARA AMPLIAR

BARBAGLIO, GIUSEPPE; *Pablo de Tarso y los orígenes cristianos*; Editorial Sígueme, Salamanca 1989.

CASTEL, FRANÇOIS. *Comienzos. Los once primeros capítulos del Génesis*; Editorial Verbo Divino, Estella, 1987.

CHARPENTIER, ETIENNE. *Para leer el Antiguo Testamento*; Editorial Verbo Divino, Estella 1981

COTHENET, EDOUARD; *S. Pablo en su tiempo*; Editorial Verbo Divino.

GORGULHO, G Y ANDRERSON A; *No tengáis miedo*; Editorial San Pablo, 1977.

LÓPEZ ELISEU, HUGO; *El camino hecho por la Palabra*; Editorial San Pablo 1993.

MESTERS, CARLOS; *Los conflictos en los Hechos de los Apóstoles.*

PAGOLA, JOSÉ; *Jesús. Aproximación Histórica*; PPC, 2013.

PEREDA, J. HERNAN. *Bibliograma del pueblo de Dios*; Editorial Verbo Divino.

SALAS, ANTONIO; *La Biblia hoy*. Editorial San Pablo, Madrid 1992.

SALAS, ANTONIO; *Los Sabios de Israel*; Editorial San Pablo, 1993.

SICRE, JOSÉ LUIS; *El Pentateuco*; Editorial San Pablo.

SICRE, JOSÉ LUIS.; *Los Profetas de Israel y su mensaje*; Ediciones Cristiandad, 1986.

Un mundo sin llanto ni dolor; Colección Palabra y Vida; Editorial Verbo Divino; Estella, 1999.

ÍNDICE

Otros títulos sobre la Biblia

Hacer camino
con las escrituras

Palabras que hacen preguntas. Que escuchan. Que acompañan, reavivando en los corazones el fuego sofocado por las cenizas.

Una palabra que sabe hablar en un momento de crisis, cuando el camino se detiene y la meta se desvanece en el horizonte.

Cada historia
es historia sagrada

Paolo Scquizzato nos presenta unas profundas ref lexiones en torno a diversos pasajes escogidos del evangelio de Mateo, que pueden servir para preparar la liturgia de los domingos y algunas de las principales solemnidades y fiestas del ciclo A.